真島久美子

# 志は日台の空高く

## 日本建築を飛躍させた台湾人たち

展転社

# はじめに

私は建築に関しては全くの素人である。その私がなぜ建築家のことを、しかも台湾人の建築家たちのことを描こうと思ったのか。

私が小学校高学年のころに、日本で初めての超高層ビル「霞が関ビル」が完成した。今や日本各地に当たり前のように建っている超高層ビルは、地震国日本では建築が不可能と思われていた。建築業界では長く、関東大震災の悪夢が尾を引いていたのである。

さまざまな問題を乗り越え、やっと日本に初めての超高層ビルが建ったのは昭和43年。施工したのは、父が勤める鹿島建設だった。

いかにも理系の男らしく、日ごろ無口な父が、この時ばかりは頬を紅潮させ、興奮して霞が関ビルのことを語ったことを、私は昨日のように覚えている。父が買ってくれたのは、「超高層ビルのあけぼの」という、少年少女向けの単行本だった。狭い国土を有効に活用し、人間が人間らしく生きるために超高層ビルを建てる、というテーマはとても魅力的で、私はわくわくとしながら本を読んだものである。

超高層ビルとは、単に経済性を重要視したものではなく、もっと大きな志をもって建てられたものなのだった。

7年ほど前、ちょうど台湾に興味を持ち始めたころ、その霞が関ビル建設に、台湾人建築家の郭茂林氏がリーダーとしてかかわっていたことを知って、驚いた。残念なことに、郭氏はその時、すでに故人だった。

私が郭氏のことを調べ始めたことを知った知人が、「郭さんと一緒に仕事をしていた人がいるよ」と紹介してくれたのが、同じく台湾華僑の林永全氏である。

永全氏の専門は構造計算。台南の成功大学を卒業し、東京大学の大学院に留学して郭氏と知り合ったのだった。永全氏は霞が関ビルはもちろん、池袋サンシャインビル、西新宿の再開発など、郭氏が手掛けた主な仕事で、チームの一員として参加していた。

別れ際に永全氏から渡されたのが、亡き夫人、玉子さんの著作の数々だった。

玉子さんは台湾の大学で永全氏の同級生であり、首席で卒業した才媛だった。同じく東京大学の大学院に留学し、日本に初めてバリアフリー、ユニバーサルデザインという概念を導入し、定着させた人物だったのである。

彼女は生後一年足らずで小児麻痺を患い、右足が動かなくなるという後遺症を背負った。それを逆手にとって、日本では病院設計を学び、施設の設計も手掛けている。のちに高齢化社会を予測し、北欧など欧州各国を視察し、バリアフリーに着眼。日本の施設や住宅に取り入れたのだった。

彼女の同志は同じく台湾華僑の張忠信。彼とタッグを組んで、数々の名建築を生み出した。

何人もの台湾人が日本の社会で活躍し、大きな仕事をしていたことに、私は驚いた。

日本と台湾の交流を語るとき、まず上がるのが八田與一の名である。また後藤新平など、台湾の発展に貢献した日本人たちのことが取り上げられることが多い。

しかし日本人の生活を根本から変えたのは、台湾人の技術者たちだったのだ。

郭氏の貢献は、超高層ビルだけではない。日本で初めてダイニングキッチンを設計したのも郭氏だった。戦後、爆発的な人気を博した公団住宅。その大きな売りが、ダイニングキッチンだった。

それまでの日本の台所は、暗くて寒ざむしいものだった。文字通りそこに初めて陽の光が当たったのだ。これ以降、主婦の台所仕事は激変したといっていい。

実現に向けては日本初の女性建築家、浜口ミホが尽力した。彼女も東大閥の建築家である。

彼らが日本で学んだ技術は、台湾で生かされる。同じく地震国である台湾の発展にも、超高層ビルの知識、技術は必要だった。

郭氏の一番有名な仕事は、台北101がある信義地区の再開発だ。これは先に手掛けた西新宿の再開発との共通点が多い。

また新光三越ビル、台北駅の地下街。

日本人が歩く台湾の街、台湾人が歩く日本の街は、日本人と台湾人が協力して作り上げたものなのだった。

そして玉子さんは、台湾にもバリアフリーの知識を広げていく。

彼らの活躍、そして生きた軌跡をぜひ、多くの人たちに知ってほしい。その思いから私はこの本を書き上げた。

彼らが生まれたのは日本の統治下の台湾である。彼らは日本人だった。日本本土と同じく、戦争中には激しい空襲に会い、防空壕に逃げ込む日々が続いた。日本人と同じように恐怖におびえ、一日いちにちを必死で生き延びたのだ。

そして戦後、台湾人となったものの、再び帰化をして日本人となる。彼らは日本の高度成長期とともに、いくつもの大きな仕事をやり遂げていった。それらは日本人の生活を大きく変え、豊かにしていくものだった。

今当たり前のようにある駅のエレベーターやエスカレーター。蛇口を回すことなく、バーを押すだけで使える水。段差のない、歩きやすい住宅。現在介護施設では一人部屋が標準だ。これらは玉子さんの尽力、努力によるものなのだ。

私たちが知らず知らず送っている毎日の生活は、彼らの仕事の恩恵を受けている。

建築家としての彼らの仕事だけではなく、人間として彼らは何を考え、どのように生きたのか。それを一つひとつひも解いていきたい。

まず、日本統治下の台湾で生を受けた林玉子さんの誕生から、この話を始めていこう。

# 目次

## 第三章　躍動する日台の建築界



## 第四章　日台の懸け橋として

装幀　古村奈々＋Zapping Studio
カバー裏写真　霞が関ビルディング
許志祥編著『巨塔の男郭茂林』（呉譲治建築文教基金會）より

# 第一章　玉子

## なぜ我が子が

「この子の足は治りません。一生不自由なままです」

占い師にそう告げられた母親は、真っ青になって胸の中のわが子を抱きしめた。幼子はこれから自分を待ち受ける過酷な運命も知らず、無邪気に眠り続けている。それを見た母は、思わず涙を流した。

「破相《ポーシャン》（身体のどこかが不完全だという意味）、という言葉があります。この子は足が悪くならなければ生きていくことはできない。これがこの子の宿命です。この子の足は、いわば命と引き換えなのです。足は悪くなった、けれども生きていくことはできる」

だからむしろ、足が悪くなったことを喜ぶべきだ。

占い師にそういわれたものの、我が子が障碍《しょうがい》者になったことを喜べる親がいるだろうか。

昭和10年、日本統治下の台湾。

母親の名前は陳石満。台湾省宜藍県羅東鎮の名家陳家に生まれ、やはり名門の陳家の息子、陳呈祥と結婚。今胸に抱いているのは次女の慧玉だった。

慧玉（のちの林玉子）は昭和9年、日本統治下の台湾に生まれた。生後1年足らずで小児麻痺にかかってしまい、右の足が動かないという後遺症が残ってしまった。

この幼子こそが、のちに日本に初めてバリアフリーという概念を紹介し、日本の住宅、介護、そして日本人の生活を大きく変えた建築家、林玉子である。

両親は必死になって治療法を探した。石満は日本に留学した、台湾でも珍しい女性医師だったのである。父、呈祥も医者だ。

それなのに我が子の足すら治せないとは！

当時の台湾では、子供が生まれると占い師にその一生を見てもらう風習があった。その占いで、最後のダメ押しの一言を言われたのだ。この運命を受け入れるしかない。石満は腹をくくった。

名門陳家の娘である。たとえ働かなくとも、一生乳母日傘で食べていかせることはできる。

「それはこの子のためにならない」

石満はあえて娘を厳しく育てようと決意した。足が悪いというハンデを背負った娘だからこそ、どんな状況でも強く生きていける人間に育て上げなければならない。

そもそも石満からして、名門陳家のれっきとしたご令嬢なのだ。なにも職業婦人としての人生を選ばなくとも、黙って座っているだけでどんな贅沢も思いのままのはずである。

答えは石満の母親にあった。

母親は早くに夫を亡くし、未亡人となった人だった。有り余る財産があり、悠々自適の人生が送れる、と思うのは大間違い。亡き夫の遺産を狙って、夫の兄弟たちが暗躍を始めたのだった。

石満の母親の生年ははっきりとはわからない。が、年代的には明治の生まれ、日本に併合される前であろうと推測される。となれば、当然足には纏足を施していただろう。清時代のゆったりとした豪華な中華服を着て、のんびりお茶をすする姿が目に見えるようだ。叔父たちは間違いなく辮髪だっただろう。

この時代の女性は、読み書きができないのが普通だった。清の西太后ですら、字が書けるという程度で「才女」と絶賛された時代である。

まして富豪とはいえ一般女性は、文盲が当たり前だった。夫の兄弟たちはそこに付け込み、自分たちに都合のいい書類を突き付けてははんこを捺させようとする。

ところが兄弟たちにとって生憎なことに、陳家の長女（石満の姉に当たる）は読み書きができた。非常に頭が良かった長女は、独学で読み書きを習得したのだ。その彼女が母親の盾となり、叔父たちを撃退した。

それでも懲りない叔父たちは、今度は若いやさ男を連れてきて、陳家に入り込ませた。色仕掛けで未亡人を篭絡させる魂胆だった。

一緒にお茶を飲んでいる席に押しかけて、「不義だ！」「密通だ！」と騒ぎ立てたのだ。まるで中国ドラマさながらの陰謀である。しかし賢い長女は、叔父たちの悪だくみなどお見通しだった。次々に陰謀を暴き、母親を守り抜いたのだった。

財産を失うことはなかったものの、女性も賢くなければ、学問がなければ、身を守ることはできないのだということが、陳家の娘たちの心に堅く刻み込まれた。

しかしそれでも日本にまで行き、留学するということはまた別な問題である。長女以外の家族全員が大反対だった。

どうすれば日本に行くことができるか。石満は一計を案じた。

ある日、陳家に警察の幹部がやってきた。突然のこととて、陳家は大騒ぎである。恭しく応接間に通された署長は、重々しい声で家族にこう言い渡した。

「石満さんを日本に留学させないとは、日本に対する不敬である。志ある女性の邪魔をするとは、とんでもない家族だ。あくまで反対するというなら、不敬罪で全員逮捕しますぞ！」

当時、日本の警察官は台湾で大きな力を持っていた。特に署長といえば、「大人《ダーレン》」と呼ばれて尊敬の対象でもあった。その大人から諭され、脅されては言うことを聞かざるを得ない。もちろんこれは茶番である。上海で医師をしていた叔父も、一枚かんでいたらしい。脅された家族も、これが茶番であることは重々承知だったが、石満の意思を通さざるを得なくなった。

石満の頼みをきいたこの署長も、ずいぶんと粋な人である。彼にとっては一世一代のこの大芝居を、存分に楽しんだに違いない。

やっと思いを遂げた石満は、意気揚々、駕籠に乗って二つの山を越え、台北から日本へとやってきた。留学先は東京女子医専（東京女子医大）である。

ここで勉学にいそしんだ石満は、大学卒業後、24歳の時に結婚をした。日本でお見合いをして台湾で挙式、まだ研究が残っていたために、再度夫婦して日本に戻ったのだ。

夫である陳呈祥も宜藍の大地主の息子である。日本統治下の台湾の資産家たちの間では、息子は子供のころから日本に留学させるのが当たり前だった。呈祥は小学校に上がるときから、ばあやつきで愛知県に留学している。

受け入れた小学校の校長先生は、いじめられるといけないからと、自分の家に下宿させてくれた。それにもかかわらず、「生蕃」と言っていじめられたので、校長の勧めで呈祥は柔道を習った。それ以降は、いじめられることはなかったという。

呈祥は順調に学びを続け、愛知医科大学を卒業した。

研究を終え台湾に戻った夫妻は、宜藍に新居を構えた。医院を併設した大きな家である。ここで夫婦の新しい生活が始まった。

## そして戦争

夫妻には次々に子供ができた。慧玉が生まれたのは昭和9年。少し前の昭和6年には「KANO」で知られる嘉義農林中学が甲子園に出場、決勝まで勝ち進み、日本中に「KANO」旋風を巻き起こしている。

その前年に「霧社事件」という、原住民による大きな日本人襲撃事件が起きていた。統治下にあるとはいえ、まだまだ日本との関係は完全に安泰というわけではなかった。

長女慧姿と慧玉は同じ年生まれの年子という、珍しい姉妹だ。そのせいか、兄弟の仲でも、とりわけこの2人は仲が良かった。

夫妻は娘たちの名前に必ず「慧」の字を付けた。中華圏では「賢い」という意味を持つ。上から慧姿、慧玉、慧如、慧美。つなげると、「姿、玉の如く美しく」、となる。

しかし続々と生まれ続けるのは女の子ばかり。日本でもそうだが、台湾の名家では、なんとしても後継ぎとなる男の子が必要である。

5番目に生まれたのも女の子。とうとう夫妻はその子に「明慧」と逆にして名を付けた。「女の子はお終い」という意味を込めた、それが功をなしたのか、次に生まれたのは待望の男の子。結局3人の男の子にも恵まれたのだった。

子供たちが通常過ごすのは18畳の畳敷きの部屋だった。夜になると子供たちは布団を敷き詰めて寝る。

そこには床の間があった。母の石満は床の間を神聖なものとして大切にし、いつも美しい花を活けていた。それも日本で習った生け花である。

一家の生活は完全に日本式だった。家で話すのは日本語のみ。台湾語は禁止されていた。お正月には家族全員で着物を着て神社に初もうでに行く。

陳家は「国語家庭」という、統治下では限られた家族のみが選ばれる名誉ある存在だった。台湾人口のうち、わずか1・4％である。

小学校は2種類ある。台湾人が通う「公学校」と、日本人が通う「国民小学校」とは完全に分かれていた。だが台湾人でも選ばれた、特別な「国語家庭」の子は、日本人として国民小学校に通うことが許されていた。

ただし日本人と違うのは、入学するときに面接があることだった。あくまでも形式的なものにすぎなかったが、そこで日頃の生活態度や、受け答えをチェックされたのだった。

陳家の子供たちは問題なく、みな「国民小学校」に進んだ。

医院の経営は順調だった。午前中は父呈祥が診察を行い、午後からはゆっくり起きてきた母石満が変わる。

台湾の台風は激しい。日本人入植者たちを悩ませたのは、一番に台風、そして病気（ツツガムシ病、マラリアなど）、原住民による出草（首狩り）だった。特に台風は、南国らしい激しさで村々を襲う。

暴風に吹き飛ばされたトタンで頭の半分を撥ね飛ばされた患者が担ぎ込まれることもあった。衛生観念が乏しいため、トラホームなどの眼病の手術は日常茶飯事である。田舎の病院はよろずやと一緒だ。どんな病気やケガにも対応しなければならなかった。

家にはいつも、手伝いとして原住民の若い娘たちが何人か、いた。けれども夫妻は、子供たちが自分の用事で娘たちを使うことは、決して許さなかった。

夕方になると近所の原住民たちが医院の前に集まってくる。夫妻は貧しい原住民からはお金を取らず、無料で診察することにしていたのだった。

薄暗がりにぼんやりと見える、大きな人型のシルエット。ひとかたまりになってじっとたたずんでいる光景は一種異様な雰囲気があった。原住民の身なりは台湾人とも日本人とも違う。そして成人した男女が入れている刺青。

ちょうど遊びから帰ってくる陳家の子供たちにとっては、うっそりと佇んでいる彼らは、なんとなく恐ろしい存在だった。

家に帰ると母の心づくしの手料理が待っている。ハイカラだった石満は、特に洋食を得意とした。チキンライスやカレーライス。マヨネーズも手作りだった。

石満はパンを好んだ。当時の台湾の田舎にパン焼き機はない。そこで特注してパン焼き機を作らせるほどだった。

家族は足の悪い慧玉を特別扱いしなかった。

慧玉は年子の姉、慧姿と特に仲が良かった。積極的で外交的、明るい性格の慧姿と対照的に、慧玉は内向的な性格だった。それもウマがあった原因のひとつかもしれない。

子供のころの慧玉は、足が悪いなりに姉の後を追いかけて、よく一緒に遊んでいた。まだ体が軽かったから、足を引きずりながら、歩いたり小走りに走ったりするくらいはできたのだ。

それでも人一倍元気な姉と同じようには動けない。慧玉はよく転んだ。しかし慧姿は助けなかった。

「お姉ちゃんは冷たいよ。何で助けてくれないの？」

慧玉がそう言って抗議したこともあった。

慧姿には慧姿で言い分がある。

「だって私が助けたら、みんなは『玉ちゃんはお姉ちゃんが助けるんだから、私たちは手を出さないでいいよね』って思うじゃない。私はみんなに玉ちゃんに関わってほしいから、手を出さないんだよ」

たしかに、慧姿が手を出さないからこそ、慧玉は多くの友達ができて、一緒に遊ぶことができた。

しかしあるとき、姉の後を追いかけていくはずの慧玉が家に籠るようになった。心配した母が尋ねると、しばらくもじもじしていた慧玉は、やっと口を開いた。

「お友達の家でおしっこするのがいやなの」

座って用を足すのに、不自由な足では時間がかかる。しかも「大丈夫？」と心配してのぞき込まれることさえあった。

「恥ずかしいんだもの」、と慧玉は泣いた。

それを聞いた母は、一計を案じた。

「座って用を足すのがつらいなら、立ったまましてみれば?」

そして慧玉が立ったまま用を足す訓練が始まった。実際南米や東南アジアでは女性は立って用を足すのが当たり前の地域もある。母からそんな話を聞くと、慧玉は前向きに練習することができた。

またあるときは、大きな水たまりを超すことができないことが原因で、遊びに行きたがらない。姉や友人たちは軽々と飛び越えていくその水たまりを、自分は越えることができない、それが嫌だったのだ。

台湾は降雨が多い。いちいち雨が降ったからと家に閉じこもっていては、なにもできなくなってしまう。

「じゃあ、どうすればいいか、考えてごらん。きっとうまくいく方法が見つかるよ」、母は自分からこうしよう、ああしようとは言わない。黙って慧玉に考えさせたのだ。

「あっ、水たまりをよけて回っていけば向こうに行けるね!」

慧玉の顔は、ぱっと輝いた。こうして母と慧玉は、ひとつひとつ問題を解決していったのだ。

「だって足が悪いんだもの、そんなことできないよ!」と慧玉が泣くと、母は「いいよ、ママがやってあげる」、とは決して言わない。

「よく考えてごらん。できないはずはないよ。とにかく一度やってごらん。それでだめなら、もう一度考えてみようよ。きっといい方法が見つかるよ」、いつも母は慧玉を励ました。

他人と同じようには動けない。けれども少し見方を変えれば、目的を達することができる。のちに慧玉の大きな基本となるこの考えは、母のおかげである。

母と姉、慧玉はよく台北のデパートに遊びに行った。特別扱いしないとはいえ、そこは親心である。足の悪い慧玉を楽しませたい、そんな心配りだった。

父は一等車の切符を買うお金をくれたが、母は二等に乗ってお金を浮かし、台北で遊ぶ資金を増やすのが常套手段だった。

それが父にバレた。偶然父も台北に行く用事があったとき、二等列車から降りてくる妻たちを見たのだった。

しかし呈祥は、すぐに妻を問い詰めるような真似はしなかった。

あるとき石満が慧玉をおいて、慧姿と2人だけで台北に行ったことがあった。父はすぐさま、慧玉を連れて台北に向かった。もちろん一等車で。

台北で2人を見た母は、思わずばつの悪そうな顔になった。気の強い妻をへこませた呈祥は、さぞ愉快だったことだろう。

母は慧玉に厳しかったが、父は甘あまだった。それでも足の悪い娘の身体を鍛えるために、よく山歩きに連れだした。

泳ぎを教えようとしたこともあったが、慧玉が溺れかけるという事件が起きた。それから水が苦手になった慧玉のために、山歩きに切り替えたのだった。

日頃温厚でやさしい父だったが、この時だけは弱音を吐くことを許さなかった。慧玉が「疲れたよ、もう無理」と泣き声を上げても、おんぶすらしてくれることもない。スパルタで通したのだった。

慧玉はまだ子供である。人と違う。人と同じにはできない。それがどれほどつらいことだったか。

「ちゃんとした足が欲しいよ！」と、泣いて母にねだったこともある。

その都度石満は、占い師から聞いた話を繰り返した。

「足が悪いからこそ、パパやママのそばにいられるのよ。この足は神様からの贈り物。そう思って感謝しようね」

そう言い聞かせながら慧玉を抱きしめる石満こそ、涙をこらえていたに違いない。慧玉に隠れて泣いた夜もあったことだろう。

しかし受け入れてもらうしかない。この逆境をはねのけるだけの強い子に育て上げなければ。

宜蘭での時間はゆっくりと流れていった。華やかで美しい母。穏やかで優しい父。２人の愛情に包まれ、何の不自由もない幸福な家庭だった。それがずっと続くはずだった。

この幸福に暗い影を落としたのは戦争である。昭和12年、日中戦争がはじまった。戦争はどんどん泥沼化していき、日本は戦線を拡大していった。統治下である台湾も、その波に飲まれていく。

東南アジア一帯に戦線を拡大した日本にとって、台湾は戦略上最重要な地域となった。日本から船で運ばれた兵士たちは基隆につくと、列車で高雄に進む。半日以上かかってたどり着き、そこからまた船でフィリピンなどの最前線に向かうのだった。

フィリピンに向かう海域にはアメリカの潜水艦がうようよといて、日本の船は絶好の標的だった。数多くの軍船が潜水艦によって沈められたのである。

海に投げ出された兵士たちは、運が良ければ台湾最南端の墾丁に流れ着くことができた。墾丁の台湾人たちは流れ着いた兵士たちが生きていれば食べ物を与え、休ませた。元気を取り戻した兵士たちが軍営に戻っていくのを見送ったのである。

そして死体が流れ着けば、手厚く葬ってくれた。今この土地には潮音寺という、日本兵士を弔う寺が建っている。

夫の上司だった人（故人）は花蓮生まれの湾生だった。徴兵されてフィリピンに向かったものの、船はあえなく撃沈され、中国大陸に流れ着いた。そこから歩いて台湾に戻るという稀有な体験をしていた。

戦況が激しくなると、台湾の若者たちも軍属として戦争に参加した。

台湾にはいくつもの飛行場があり、戦争末期になると各地から特攻隊の飛行機が飛び立った。宜藍の飛行場にも特攻隊員が駐在することになった。

小学校高学年になった慧玉と姉は、友人たちを誘って慰問団を作った。陳家の18畳の日本間では、同級生たちと一緒に日本舞踊やお琴を習っていたのである。

飛行帽にシルクの白いマフラー、だぶだぶの空軍ズボン。その中には家族からの手紙や写真が入っていた。凛々しいその姿に、少女たちの胸はときめいた。

習った日本舞踊を踊り、日本の歌を歌う少女たち。死を覚悟した特攻隊員たちにとって、それはつかの間の癒しだった。彼らは少女たちに貴重な恩賜のお菓子や、当時珍しかったオレンジジュースをふるまった。

宜藍飛行場に駐在していた海軍特攻隊員はほとんどが少年で、年が近かったこともあり、慧玉たちは毎日遊びに行くようになった。

仲良くなると、彼らは飛行機に乗せてくれた。そして特攻隊の歌を一緒に歌った。

まだ少女だった慧玉らにとって、「特攻隊」のお兄さんたちの任務は、頭ではわかっていたけれども実際なにをするのか、本当のことはまだ理解できていなかったのだった。

ただ楽しいということと、立派なお兄さんたちから親切にされることがうれしく、また憧れもあって通い詰めていたのだ。

戦争がさらに激しくなってきたある日のこと、昨日まで仲良く遊んでいたお兄さんの一人がいなくなっていた。

「○○さんはどうしたの？」と尋ねると、「昨夜出撃命令を受けて、今朝飛び立ちました。『とても楽しかった、ありがとう』と伝えてくれと言っていました」

初めて知った現実に、彼女らは戸惑った。なぜあのお兄さんが？

その思いで小さな胸は張り裂けそうになった。この時以降、楽しかった思い出は、悲しみと辛さに上書きされていく。

1人、2人と顔見知りのお兄さんたちが消えていく。「任務」を果たすために。

ある日遊びに行った帰りに、「僕たち3人、明日朝八時に出撃命令を受けました。明日屋根の上で日の丸の旗を振って見送ってください」、そう言われた少女たちは、約束の時間に陳家の屋根の上で旗を持ち、飛行機を待っていた。約束の時間に3機の赤トンボ（三式中間練習機）がやってきて、彼女らの頭上を5回まわった。両翼を左右に力いっぱい振りながら、「ありがとう、さようなら」と言っているかのように。

見送る少女たちの瞳は涙でいっぱいだった。あの人たちは二度と帰ってこない。その時にはもう彼女たちにも、「特攻隊」の任務が何か、分かっていたのだ。

その後、宜藍の街へも空襲が激しくなってきた。陳家の防空壕は立派だった。広さも十分にあり、完璧に頑丈にできていた。外見だけではない、中には十分な食料も備蓄されていた。

だが空襲が激しくなると、防空壕に籠りっぱなしになる。

そんな生活に耐えかねて、とうとう子供たちは疎開することになった。疎開するのは低学年の子供たちのみである。

高学年の子が疎開するのは「非国民」と非難され、後ろ指さされるので、負けず嫌いの慧姿は家に残った。高学年とはいえ、足の悪い慧玉は疎開組となった。仲のいい姉を残して自分だけが安全な疎開をする、それは慧玉にとって一番つらいことだった。

疎開とはいえ、陳家の財力である。山の中に立派な大きな家を建て、子供たちは住み着いた。食料を運ぶのは長女の慧姿の役目だった。

自転車で食料を運ぶ途中のことである。慧姿は突然、見晴らしのいい河原で米軍の機関銃攻撃に襲われた。

逃げても逃げても、相手はしつこく追いかけてくる。ここで死ぬのかといったんは覚悟を決めたが、間一髪、素早い慧姿は何とか逃げ切ることができた。

山の中の家に着くと、負けず嫌いの慧姿は武勇伝のようにこの話を語った。疎開で気持ちがふさいでいる家族を励まそうという気持ちもあったのだ。しかし聞いている慧玉は恐ろしさのあまり震えあがっていた。

日本本土を攻撃した米軍の飛行機は、帰るときに台湾上空を通る。その時、余った爆弾を捨てていくのだ
台湾全土から特攻隊の飛行機は飛び立った。そして、二度と帰らなかった。戦争末期になるにつれ、空襲は激しさを増した。すでに台湾全土が被害にあっていた。

宜蘭の小学校の校庭は畑になった。小学生たちも駆り出されて芋を作った。空襲、疎開、機関銃射撃、そして校庭を潰しての芋作り。この時、日本にいる日本人も、台湾にいる台湾人たちも、確かに同じ体験を共有していたのだった。

やがて戦争が終わり、家族は疎開先から帰ってきた。宜蘭飛行場を訪ねてみると、荒れ果てた滑走路はがらんとして人気もない。兵舎には誰一人として残っていなかった。慧玉たちは顔見知りのお兄さんたちを、一人ひとり思い出していた。あの人も、あの人も、帰ってこなかった。みんな、死んだのだ。

戦争は終わった。

しかし台湾人にとって、ここから新たなる闘いが始まったのだった。

## 私は中国人、それとも日本人？

昭和20年。長かった戦争が終わった。

戦争が終わったとはいえ、すぐに平穏な生活が戻ってくるわけではない。あちこちで混乱が起きていた。

日本人たちはすぐさま生活の術を失い、家具や着物などを切り売りして食いつないでいた。湾生の竹中信子は終戦直後の混乱を克明に記している（『台湾引き揚げの記』）。

信子は昭和5年、蘇澳の生まれである。祖父の信景は、いまや蘇澳の貴重な観光資源となった冷泉を発見、開発に貢献した人物である。

原住民が「毒水」と呼んで敬遠していたものが、炭酸水の鉱泉であることを突き止めたのだ。炭酸水はハイカラな飲み物であると同時に、薬効もある。皮膚病にも効果があり、行軍に疲れた兵士の足にできたおできを直すために使われた。また飲めば胃腸病や高血圧にも効く。祖父は軍隊のためにいくつもの鉱泉を掘り当て、仕事として成功させた。

父を5歳で亡くしたとはいえ、終戦までの竹中家は祖父の遺した事業もあり、なに不自由なく暮らすことができた。

終戦となってたちまち翻《ひるがえ》り始めた中華民国の青天白日旗。声高に人々がしゃべる台湾語。何年も口にできなかった食品が、市場には山のように積み上げられている。

今まで日本人に従順だった台湾人の対応の違いに、信子たちはとまどうばかりだった。台湾で唯一となった清涼飲料水工場は、信子の家の持ち物だった。工場は生産が追い付かないほどの繁盛ぶりとなった。

女学生に対して台湾人の同級生たちはそれほど反感を示すでもなかったが、男子学生たちは街中でも学校内でもずいぶん殴られた。男子学生の中には、登校すると台湾人から殴られるから学校にいけない、というものまで出る始末だった。

特に台北駅では登下校する日本人の男子中学生を捕まえては殴るので有名な台湾人グルー

プがあった。家計を支えるために物売りに行った信子の同級生は、台湾人グループにつかまってビンタを張られている。

単純に日本人に対する憎悪もあったかもしれないが、少年たちがここまでするというのは、差別的な学校制度に問題があったのかもしれない。日本人優遇、台湾人への差別は、学校制度においてあからさまだったからだ。

日本人女性と結婚し、鼻高々だった台湾人の中には、時世が変わるとあっけなく妻を捨てるものも出てきた。

蘇澳の街中では日本人糾弾の集会が開かれ、うっかり出くわした信子は、逃げるときに石つぶてを投げられている。

あらゆるところで今までとは違う価値観で物事が動いていた。

「なぜ？　なぜやさしかった台湾人たちが、私たちを攻撃するの！」、信子は混乱した。

やがて日本人引き揚げの命令が出る。学校から在学証明書を受け取り、役所から50万円の財産証明書をもらい、祖父と父のお骨を掘り出して白木の箱に入れた。

ひとり千円の所持金と最低の生活用品、ふとん一組。中には反物を重ねて布団を作ったり、綿の中に現金を隠して持ち帰ったしたたかな人もいたという。

日本人の引き揚げ事業は昭和21年2月21日から始まった。第一次から第三次まで、基隆、花蓮、高雄に集められた日本人は、順次船に乗って日本に帰還した。軍人軍属15万7388

人、民間人32万２１５６人、計47万９５４４人だった。

彼らの財産はすべて没収され、中華民国政府の懐に入った。

日本人の強制送還は、日本人の資産を奪うため、という説もある。

それらは「日産」「敵産」と言われ、１００億円にものぼった。当時の１００億円は日本政府の国家予算の５％。

「日本は他に類をみない、とてつもない賠償金を台湾政府に支払った」と蔡焜霖は言う。

日本の「賠償金」によって国民党は世界一の金持ち政党になった。天皇家の財産が19億円に対し、蔣介石夫妻の個人財産は16億ドルであった。

蔣介石の有名な言葉に、「徳を以て怨みに報いる」（報怨以徳）というものがある。蔣介石の寛大さを示す言葉としても引用されるが、中国文化に詳しい人によれば、決して人のいい言葉ではないという。

「怨み」があるほど悪いことをした日本人を、我々は許すのだ、という、つまり、この言葉を請けいれた瞬間、「日本人は自ら悪いことをしたと認めた」という裏の意味が秘められているというのだ。

まさに中国人の言葉は意味が深い。これに多くの日本人はころっと騙されてしまった。

多少の軋轢《あつれき》があったとはいえ、大陸や朝鮮半島に比べると、台湾の引き揚げは順調だったと言えたかもしれない。しかし問題は航路だった。

米軍が遺した魚雷があったため、沈没した引き揚げ船が数多くあった。戦争が終わっても、まだ犠牲者は出続けたのである。

そして日本人と入れ替わりに来たのは、中華民国国民党の兵士たちだった。

その姿を一目見て、慧玉たちは絶句した。ボロボロの軍服に靴も履かない裸足。天秤棒に鍋かまをぶら下げている姿は、「これが兵隊か?」と思うほどみすぼらしかった。

何よりも受け入れられなかったのは、そのだらしのなさだった。あの凛々しかった特攻隊のお兄さんたちとは全然違う!

戸惑いはそれだけでは終わらなかった。

日本人対象の「国民小学校」はすでにない。

陳家の子供たちは全員、台湾人と一緒の地元の小学校に移った。最年長の慧姿は、あと半年で卒業、というところで、小学校がなくなってしまったのである。

新しい小学校、これは大きなカルチャーショックだった。まず言葉がわからない。今まで日本人として生活してきたからだ。同級生たちからは、言葉が通じないというのでひどく虐められた。

台湾人としての習慣もわからない。子供たちは混乱した。

いったい、どうしたらいいの?

同級生たちは「日本人、にほんじん」といって囃《はや》し立てる。「日本人」であるということは、一転して侮蔑の対象になったのだった。

私たちは誇り高い「日本人」だった。今バカにしているあなたたちから尊敬されていたはずなのに！

私は何人なの？　日本人なのか、中国人なのか？

学校の全員が敵に見える。そんな中で頼れるのは慧姿だけだった。2人の姉妹のつながりは、一層強くなっていく。

混乱の中で、慧玉たちは必死に自分の本当の姿を探し出そうとしていた。

恵（中華名・慧姿）からこの話を聞いた時、私は一青妙の父親のことを思い出した。一青は歯医者で作家、女優の顔を併せ持つ、マルチな才女である。

一青の父親は顔恵民。台湾基隆の名家、顔家の人で、小学校から日本で暮らしていたのだ。戦後台湾に戻ったものの、二二八事件がきっかけで始まった白色テロから逃がれるために、漁船で日本に密航、約20年ののちに台湾に戻っている。

一青の自伝的映画「ママ、ごはんまだ」では、父、恵民が定期的に自室に閉じこもってしまう姿が描かれていた。部屋の中で恵民は1人で苦しんでいた。

自分のアイデンテテイがわからない。日本人なのか、台湾人なのか。その苦しみの激しさ、深さ。

正直この映画を見たときには、私には恵民の苦しみがピンとこなかった。

しかしいま、恵から当時の話を聞いたときに思いだしたのがこの映画のシーンだった。

当時、どれほどの台湾人が自分のルーツやアイデンティティについて苦しんだことだろう。植民地の人間を同国人として扱ったのは日本のみである。「日本人であること」にこだわり続け、時流に乗り遅れて取り残された台湾人はたくさんいた。恩寵として他国の国籍を与える。そのことに対して、どう考えたらよいのか。今の私には、答えがない。

「我々にも、台湾を選ぶか日本を選ぶか、聞いてほしかった。そしたら日本を選んだのに」という日本語世代の台湾人は多い。

日本人は、「悪いことをしたなら正直に言いなさい」と言って、正直に言えば「それでよし」と、追及することなく許してくれた。でも中国人は「そうか」と言って引っ張っていく。引っ張られた人たちは二度と帰ってこなかった。

日本人には本当のことを言って許してもらえたのに、中国人は許してくれない、もっとひどい目にあわされる。これで混乱した台湾人は多かった、という。

戦後の一時期、台湾原住民たちが舞踊団を作り、ナイトクラブやキャバレーを回って大人気を博したことがあった。原住民たちは歌や踊りの才能に秀でている。お客の中には引き揚げ者や台湾に駐屯していた元兵隊たちもたくさんいたに違いない。

映画「星のフラメンコ」（昭和41年・日活）では、主役の西郷輝彦が湾生の青年を演じている。彼は引き上げ時に離ればなれになった台湾人の母親を探しに、台湾に行く。

「日本人は台湾に悪いことをしたのだから、私が日本に帰れないのも仕方ない」、そう言った母親はすでに亡くなっていた。

渥美清主演の連続ドラマの中にも、「先生、台北に行く」（第51回、脚本・橋田壽賀子）という話が放送されている。

湾生や、離ればなれになった親子の再会がドラマや映画になる。それは日本と台湾がどれほど近しい国だったかという証なのだ。

戦時中日本に徴用された台湾人が、日本の名家の未亡人と恋に落ち、駆け落ち同様にして台湾に渡る。残された娘が台北に行って、母親を探すという話だった。

「あの人（今の夫）は心がきれいなのに、意地悪な日本人たちにさんざん虐められて。私はそれが許せなかったんです」と、母親は言う。日本人は悪者、というセリフを入れなければ当時の台湾では撮影を許可されなかったのだ。

さらにこの母親は「私たち中国人は……」と言う。

「えっ、『台湾人』じゃないの？」と今の日本人は違和感を感じるだろう。

だが当時「台湾と大陸はひとつである」と主張していたのは蔣介石率いる国民党政府のほうだった。

国光計画という大陸反攻の夢を、蔣介石は昭和45年を過ぎたころまで持ち続けていたのだ。

日本人にとっての戦争は終わったが、その翌年から始まった第二次国共内戦により、台湾はまたしても戦争に巻き込まれていく。

蔣介石が台湾に引き揚げてくるのは昭和24年。この年、幣制改革によって旧通貨は新台湾ドルへと切り替わる。旧通貨の4分の1に引き下げられたのだ。

物事の価値観だけではなく、経済も一気に変わっていく。その中で、人々は生き残るのに必死にもがいていた。

昭和21年春、慧姿は中学生となった。優秀な慧玉は飛び級で、同じ学年に上がることになった。台湾語のマスターは、彼女にとってはお茶の子さいさいだったのだ。

このころ、中国大陸から引き揚げてきた日本人が、一時台湾に滞在するケースもあった。いきなり日本には帰れないので、台湾経由で日本に帰国したのだ。

宜藍にもそんな日本人がいた。上海から引き揚げてきた彼は、お寺に下宿していた。慧姿と慧玉は、友達を含めて3人でその男性に中国語（北京語）を習いに行ったのだ。

その男性は若いイケメンだった。おかげで慧玉たちは熱心にお寺に通って勉強をした。

お寺に行くのは学校の授業が引けてからだ。夕方から夜にかけて勉強し、帰宅する。真っ暗な道を3人で歩いていると、ある時犬に激しく吠えたてられた。

台湾の犬は放し飼いである。犬に吠えたてられてビックリ仰天、急いで駆け出そうとした。しかし慧玉は走ることができない。とっさに慧姿は妹を背負い、走り出した。

慧玉を背負っている慧姿のほうが、1人で走っている友達よりも、よほど早く走っていた。

振り落とされてはかなわない、慧玉は必死に姉の背中にかじりついていた。

慧姿と慧玉は中学で同じクラスになった。

2人とも優秀だったが、タイプは全く別。こまめにノートをとる慧玉と、全くとらず、試験の前に妹からノートを借りて勉強するだけの慧姿。それでいて2人とも好成績を取る。

優秀な彼女らは、そのまま同じ女学校に進む。町中にあるため、列車でかようことになった。足の悪い慧玉には毎日の通学が負担になるだろうと、親せきの家に預けられることになった。このころ、大人と同じ体格になった慧玉は、すでに松葉杖を使わなければ歩けないようになっていた。

悪名高い二二八事件は昭和22年、慧玉が13歳の時に起きている。国民党政府への反感から、暴動は一気に全土に広がった。

ここから38年に及ぶ長い期間、台湾人は戒厳令下で暮らすことになるのだ。

日本に留学していた人、日本に関係ある人、共産主義者は危険人物とみなされ、罪がなくとも引っ張られていく。

夫婦ともに日本に留学し、エリートだった陳家にも公安の手が迫っていた。しかしここで役に立ったのは、呈祥の弟である。兄弟の1人がやくざになっていた。その彼がいち早く公安の動きを察知して、兄に伝えたのだ。

その時ばかりは呈祥も、家族に1人くらいやくざがいるのも悪くはない、と思った。

白色テロは、慧姿、慧玉がちょうど中高校生の時代に当たる。姉妹が通っていた高校でも、たくさんの先生たちが捕まっていった。

共産主義者の先生は、みんなやさしくて教え方が上手。人間的にも魅力があって、生徒たちに慕われていた。

呈祥は世の中が落ち着くまで身を隠していた。ほとぼりが冷めた頃に家に帰ってきたが、もう医者を続ける気はなかった。つてを頼り、日本の厚労省に相当する役所に入ったのだった。

ここでひとつの疑問が生まれる。

呈祥がいなくなった陳家では、妻の石満が働いて生計を立てていた。石満も日本に留学した経歴を持つ。なのに公安はなぜ彼女を見逃したのか。

答えは簡単、石満は女だったからだ、と恵は言う。

女は数のうちに入らない。そんな理由で見逃された、いや、最初から物の数にも入っていなかったのだ。

しかし世の中が落ち着いてから、石満の人生は、思いもかけぬ方向に動き出す。

## 母の活躍

医師として働いていた石満は、地域の人達からの信頼が厚かった。貧しい人たちからはお金を取らず、医は仁術を地で行っていたからだ。

思いもかけず地域の人たちから頼まれて、宜藍省の議員になることになったのだ。併せて女性の地位向上のための婦人会にも選出された。

やがて石満は台湾では初の女性の国会議員である立法院議員になる。家にはほとんどいない毎日だった。

「きれいなお洋服を着て、人に取り囲まれる華やかな場所が好きな人でした」（恵）、というけれども実力が伴わなければ、20年もの間、省議員を続けることはできない。まして立法議員になることもできなかっただろう。

選挙になると国民党政府は、議員たちを日月潭にある蔣介石の別荘に呼ぶ。ここは風光明媚で知られていて、「晴れの日は佳し、雨の日も佳し」という。

「蔣介石は台湾で一番いい場所に別荘を作った」と言われていたほどだった。

その別荘に議員たちを呼び、お金はもとより、車、家まで支給する。接待漬けで国民党有利に運ぼうという魂胆だった。

道路が敷かれるという話があれば、その情報を流す。あらかじめその土地を買い占めれば、政府が買い上げるときに大儲けができるという仕組みだ。すべてにおいて汚職と腐敗が常態化していた。

石満はそのような不正には加担せず、もっぱら地元の女性たちの、生活の相談に乗っていた。夫のＤＶ、経済問題。問題は山積みだった。

困ったのは家に残された家族である。支持者と称する人たちが家に押しかけ、飲んだり食ったりは日常茶飯事。あるとき慧姿たちが部屋に入ると、お金がない。お金ばかりか、子供たちが大切にしている私物までが根こそぎなくなっている。

「支持者」が家の中にまで入り込み、お金や品物を漁って持ち去ったのだ。あまりのことに慧姿は怒りに震えた。

「お母さんは日本時代は家や子供の世話をよくする良妻賢母だったのに、国民政府になってからは家のことはほっぽりっぱなしだ！」

慧姿は父親に直談判をした。

「お父さん、お母さんに議員活動を止めるように言ってください。家のなかはもう滅茶苦茶です。もうこの家は持ちません！」

しかし呈祥は、穏やかにこう言うだけだった。

「好きにやらせなさい」

そのとき、慧姿は悟った。

「お母さんはもう私たち家族だけのお母さんじゃない。『みんなのお母さん』なんだ」、と。

もともとさっぱりした性格の慧姿である。これで家のことはあきらめがついたのだった。

その当時、石満がのめりこんだ趣味は、京劇だった。舞台にも上っていたのであろう、美しく着飾った京劇姿の写真がある。

京劇の発声法は独特だ。家にいるときには朝から晩まで鶏が絞め殺されるような声を上げるのにも、家族は辟易とした。

日本時代と国民党政府時代、なぜこれほどまでに石満のやることが変わってしまったのか。私にはわかるような気がする。

石満は日本統治下に生まれ、日本人として育ってきた。それが終戦によってすべてが覆った。価値観がまるで変り、今まで信じてきたものが否定される。石満は自分なりの落としどころを見つけたのだ。

自分はもともと中国人だったのだ。ならば、中国の文化を極めて見せよう。

彼女は統治時代に華道や日本舞踊など、日本の文化を習った。それと同じエネルギーで中華文化を吸収しようとしたのではないだろうか。

議員としての活動もそうだ。他人から必要とされる自分。それが彼女の活動の源になった。

石満の性格は日本時代と国民政府時代、どちらも変わってはいない。そうやって石満は、石満らしいやり方で、「自分であること」を証明しようとしたのだ。

陳家のフェーズは新しい段階に入った。母の仕事が変わり、子供たちはそれぞれ自立に向けてどんな進路を選ぶべきか、模索しはじめたのだ。

慧姿は台北の大学を選んだ。慧玉は台南の国立成功大学で建築を学ぶことに決めた。

両親も慧玉も、この身体では結婚はとても無理。ならば一生食べていける仕事を選ぼうと決めていた。

頭のいい慧玉は、どんな進路、どんな仕事も選べた。

両親と同じ医者は？

いや、足が悪い私には医者は無理。立ち仕事の教師もできない。それなら、座って製図が引ける建築家ならば？

実は父呈祥も建築家にあこがれていたのだという。絵の腕前はプロ級で、センスもいい。建築家は図面を引くので、絵の素養のある人が多い。建築家にあこがれたものの、呈祥は結局医師になる道を選んだ。

慧玉が建築を選んだのは、父の影響もあっただろう。

難関を突破し、無事合格。これから親元を離れ、たった1人の大学生活を送ることになるのだ。

## 大学時代〜永全との出会い

松葉杖を頼りに、慧玉は台南の駅に降り立った。大学生になったという晴れがましい思いの一方で、これからの生活がどうなるのか、慧玉の胸は不安でいっぱいだった。

「私はたった1人だ。これからどうやって暮らしていけばいいのだろう」

家族から離れ、寮生活を送るのだ。これからは何もかも、1人でやり切らねばならない。台湾の国立大学で最も有名なのは国立台湾大学だ。日本でいえば東大に当たるとよく言われる。しかも台北は故郷の宜藍からも近い。なぜ彼女は成功大学を選んだのか。

その問いに答えたのは、慧玉より少し学年が下、同じ成功大学の同窓生である林銀（日本語文学院・日本語センター会長）だ。

「当時、理系で一番優秀なのは成功大学です。特に建築は有名でした。慧玉さんが入学されたときは、まだ『大学』ではなく、『工学院』という名前でしたよ。一番最初にできたのが建築科です。台湾ではトップの大学です」

台湾で有名な建築家は、ほとんどが成功大学出身である。

成功大学時代の陳慧玉（玉子）

大学に入った慧玉は、激しいカルチャーショックに襲われた。羅東の街は小さい。みな、陳家がどういう家か知っているし、慧玉の足のこともわかっている。幼馴染がいつも慧玉と一緒にいて、世話をしてくれていた。

ところがここでは、誰が誰だかわからない。慧玉が同級生たちのこと知らなければ、相手も慧玉についての知識はまったくない。

いったいどうしたらいいの？

現在の日本の大学でも同じようなことは起きる。高校までとは違い、大学となると大きな組織だ。学生の人数も増える。しかも地元でなければ、土地勘もない。

日々の生活を送るうえでの、ほんの些細なことすら戸惑いの種になる。日本の大学では、新入生対象のカウンセラーをおいているのが当たり前になっているほどだ。

この中で自分の居場所を見つけるのは、並大抵のことではない。まして慧玉には「足が悪い」というコンプレックスがあった。

「足が悪いからと言って、ろくに知りもしない同級生たちに頼ってもいいものだろうか」

故郷では幼馴染に普通に頼めたことが、ここでは頼めない。知りもしない他人に、「助けて」と声をかけてもいいものだろうか。迷っているうちに、機会を逸してしまう。

このままでは満足に日常生活を送ることさえできない。

クラスメートたちは休み時間になると楽しく談笑している。おひる時間には、みんなで連れ立ってのランチ。でも私はひとりだ。

なぜ？　やっぱり足が悪い私は、のけ者なの？

まるで私ひとりが置いてけぼりだ。でも、こんな悩みを誰に話したらいいんだろう。誰にも話せない、話したら笑われるんじゃないだろうか……。

もともと内向的な性格だった慧玉は、苦しんだ。その苦しみを誰に話すこともできない。寮の部屋に閉じこもった慧玉は、ひたすら本を読みふけった。きっとどこかに答えがあるはずだ。

そしてやっと見つけたのが、リーダーズダイジェストという雑誌の一節だった。

「自分自身の生き方の一番目に何を置くべきか。それを発見することが大切だ。それを見出したら、自分の殻を破って自分自身を改革しなさい」

そうか、そうだったのか。

この言葉は慧玉の心の底に響いた。

自分にとって今一番大切なことは何だろう。建築を勉強することだ。その勉強を続けるためには、他人の助けが必要だ。そのためには自分の殻を破らなければならない。

そう気づいた慧玉は、やっと自分から同級生たちに声をかけることができるようになった。すると、なんとしたことか。あっという間にたくさんの友達ができたのだ。

いままでは動かない白黒の画面の中にいたようなものだったのが、一気にフルカラーの画面になり、すべてが生き生きと動き出したのだ。

「キャンパスでは有名な人でした。いつも大きな製図道具を抱えて、学部に行く一本道を歩いている姿を見かけたものです。とにかく優秀。建築科は優秀な学生の集まりですが、そ

の中でも彼女は抜きんでていました」（林銀）

今までは私が相手を寄せ付けなかったのだ。心の鍵を開けて、相手の胸に飛び込めばきっと応えてくれる。

慧玉は多くの友人を作り、キャンパスライフを楽しんだ。

寮は8人部屋。真ん中に二段ベッドがあり、部屋の隅にそれぞれの机がある。ベッドをきちんと整えたかどうか、教官の厳しいチェックがある。

寮の食事は台湾料理で、1か月180元。まああの味だった。当時の一般人の月給がおよそ1万元。日本円に換算すると6～8万円だった。

トイレ、シャワーは共同。女子寮と男子寮のほかに、華僑の留学生のための寮もあった。当時はマレーシア人が多かったという。

学生たちは自転車に乗り、町に繰り出しては映画を見たり、食事をしたりした。慧玉も、友人たちと一緒に休日を楽しんだ。

台南は台湾の京都と言われる、古い文化都市である。食べ物はおいしく、オランダ人が遺した遺跡もある。

大学に入学してからの慧玉は松葉杖を使わず、長下肢装具という器具を付けていた。松葉杖を使っていては、かさばる製図道具の持ち運びはできないからだ。

長下肢装具は、まひした足に装着して歩けるようにする補助器具である。今の日本では主に脳溢血や脳梗塞などで半身まひになった人が歩くときに装着している。現在の器具は相当改良されて重量も軽く、着脱にも便利なようになっている。が、この当時はまだ重く、着脱にも時間がかかるものだった。

こんな重たい思いをせずとも、もっと楽に歩けるようにならないだろうか。

両親はまだあきらめずに、慧玉のために治療法を探し続けていた。アメリカ帰りという触れ込みの医師に相談をし、慧玉が大人の身体になったら手術を受けるという段取りまでこぎつけた。

これで少しは負担が減るだろうか。そう思ったのもつかの間、手術の結果は思わしくなかった。膝にある大きな血管を二つとも切断されてしまったのだ。

結局、少し軽い器具に変わっただけだった。それでも前に比べればましと思うか、失敗だったと思うべきか。

リハビリも含めて、慧玉は1年授業を休むことになり、留年したのだった。

林銀は、在学当時よく慧玉のことを教会で見かけたという。台湾で一般的と言われる宗教は道教で、慧玉の実家、陳家も道教の信者である。だが意外にクリスチャンも多い。どの町に行っても、山の中にさえも教会がある。

この時慧玉は、何を思って神に祈りをささげていたのだろうか。治ると信じ、望みをかけていた手術が失敗だったことは、彼女の心に大きな傷を残したに違いない。

他人と同じように私も自分の足で歩きたい。

いくら明るい慧玉でも、同級生の男子の目が、すれ違う女子学生のすらりと伸びた足に向かうと傷つく。

中華圏では椅子に座る生活なので、まっすぐな細い足の女性が多いのだ。あんな足が欲しかったのに。そう思っても願いは届かない。今のこの自分の足を受け入れるしかないのだ。こうなれば、開き直るしかない。今あるもので、人より恵まれたものは、何だろう。プラス思考、前向き思考で考えれば、前の学年と今の学年、二つの学年で友達ができたことだった。

そしてこの一学年年下の同級生の中に、のちに慧玉の夫になる林永全がいたのだった。

永全の実家は台南。父はアメリカ文化センター館長で、母は音楽家というインテリの家庭で育った。永全は7人兄弟の5番目。

家ではよくホームコンサートを開き、日曜日の教会礼拝では父はテノールで歌い、母がピアノを弾く。

父は日本への留学組で、早稲田大学経済学部卒。英語、台湾語、日本語を話し、センターではアメリカの文化も紹介していた。移動式映画館で、地方へも行き、映画の上映をする。またセンターにはピアノも設置してあり、ピアニストやバイオリニスト、指揮者を招聘してコンサートを開いていた。

年を重ねても、ロマンスグレイの髪が引き立ち、素敵な紳士だったという。
母の名は黄芘花。台南第一高女の出身である。
弟たちは東京帝国大学医学部に留学した医者だ。実は、母も石満と同じ、東京女子医専に通っていたことがあった。だが解剖の授業で血を見た彼女はショックのあまり倒れてしまい、その後しばらく食べ物ものどを通らなかった。

成功大学時代の林永全

これではとても医者にはなれない。その後は弟たちと一緒の家に住みつつ、個人のピアノレッスンを受け、ピアノの腕を磨いて台南に戻ったのだった。

台南の街では「黄さんのお嬢さん」といえば、ピアノが上手で頭がよく、しかも美人。というわけで、知らないものは誰一人としていない。才色兼備で有名な女性だった。

当然夫妻は、生まれた子供たちにも音楽を習わせた。永全は幼いころ、バイオリンの演奏で注目されるほどの腕前だった。

積極的にアタックしたのは永全である。普段は温厚で穏やかな永全だが、慧玉に関してだけは別だった。

慧玉にはボーイフレンドが多かった。努力家で明るい彼女は人気者だったのだ。

「子供のころ、台南に里帰りすると、いつも餃子をご馳走してくれる叔父さんがいたんです。母の同級生で、呉さんという人だったけど。でも、なんか変な空気が漂っているんですよね。学生のころ、ただの友達ではなかったのかな。子供心にも、なんか変だな〜、と思っていましたね」というのは、慧玉の次女悦子（中華名・悦思）。

並み居るライバルを押しのけて、いつ永全が慧玉のステディになったのかは、定かではない。

母親同士が旧知の仲であることが2人を引き寄せたのか、また教会に足しげく通う慧玉と、信仰を通じて親しくなったのか。

大学時代の永全はサッカー部だった。慧玉も練習を見に行ったり、試合の応援に行ったに違いない。足の悪い慧玉にとって、グラウンドを疾走する永全の姿は凛々しいものに思えただろう。

しかし、いずれにせよ慧玉は結婚しないと決めていた。これは母石満の、強い意向でもあった。

足の悪い慧玉が結婚しても、苦労をするだけだ。子供が産めるかどうかもわからない、万が一子供が生まれたにしても、家事育児で大変な思いをするに違いない。それなら一生独りで仕事に励んだほうがいい。

そのために建築家を選んだのではないか。

卒業後、慧玉は台北の設計事務所に就職した。勤めること3年。彼女は行き詰まりを感じ始めていた。

今の自分の力不足はよくわかっている。もっと勉強したい。

慧玉は、ひとり悶々としていた。

後年、台北でかつての自分の作品を見た慧玉は、あまりの至らなさに冷や汗を流したという。建築設計にはその設計者の人生観から人間性までが反映される。若いころの作品には、人生経験のなさがはっきりと表れているのだ。

建築物は残る。残るだけに、逃げ場がない。

何とかしたい。でもどうやって？

そうだ、日本に行こう！

慧玉は決意した。両親が学んだ日本。そこならもっとレベルの高い研究ができるに違いない！

日本に対するあこがれは、幼いころから持ち続けていた。何より、幼いころの慧玉は日本人だったのだ。

「私は日本に行く。日本で勉強する！」

そう告げられた両親は、心の底から驚いた。足の悪い慧玉が日本に留学するなんて、みすみす苦労しに行くようなものだ。宜藍から台南までなら想定内。就職した台北も同じ国の中だからまだしも、なぜ日本に行く必要があるのか。

両親は大反対をした。しかし慧玉の決意は固かった。

4年間の大学生活、台北での3年間の一人暮らしが、慧玉に自信をつけさせたのだ。

私はきっと、日本でも暮らしていける！

このとき慧玉の味方になってくれたのは、乾媽《カンマー》だけだった。このカンマーこそが、石満が日本に留学するというときに、親せきの大反対を説得し、押し切ってくれた母の姉だったのだ。

中華圏ではカンマーという習慣がある。育てにくい子供には、産みの母以外に、第二の母を設ける。産みの母は、我が子可愛さで目が曇るけれども、第二の母は、困ったときに冷静な判断を下すことができる。

厳しい実の母よりも、カンマーはやさしかった。慧玉は子供のころ、よくこのカンマーの家に泊まりに行った。その度にカンマーはやさしい口調で、勉強の大切さを話した。

自分の母親、慧玉の祖母の一件で、女性にも教育が大切であることを身に染みて知っていたからだ。

カンマーは公務員と結婚したので、経済的には裕福ではなかった。3人の息子に恵まれ、その子供たちの教育費はすべて石満が出したのだった。

カンマーを味方につければ百人力だ。

「お母さんだって狂言芝居を打ってまでして日本に行ったじゃないの」、慧玉にそういわれればさすがの石満も、何も言えない。

当時、台湾と日本には正式な行き来がなかった。船の往来もなければ飛行機も飛ばない。かろうじてバナナ船だけが日本と台湾を行き来する、唯一の交通手段である。

バナナ船といえば、貨物船だ。若い女性の身でそんな居心地の悪い、しかも船に乗っていけるのか、日本まで？

台湾の銀行は、まだ日本にはなく、お金を持って行っても両替ができない。送金することもできない。

それでいいのか？

「行きます！」

慧玉の目には、もう日本に行く未来しか映っていなかった。

日本に行く私、日本で勉強する私。

こうして慧玉は東京大学大学院の入学試験を突破、日本に来ることが決まった。

このとき慧玉は27歳だった。

## 憧れの日本

昭和36年、東京大学大学院建築学科に入学した慧玉は、吉武泰水研究室に入った。一緒にバナナ船に乗ってきた大学時代の友人とは、東京で別れたきり、二度と会うことはなかった。当時の東大の建築学科は、新進気鋭の建築家たちで満ち満ちていた。まさに綺羅星の如く、のちに名をはせる人材がひしめいていた。

彼らは戦後の民主主義という新しい時代の息吹を背に、空襲で無残な姿になった日本の都市を立て直すべく、意欲を燃やしていたのである。

もはや戦後ではない、と世間は言った。

私の父は昭和30年、盛岡の支社にいるときに母と見合いをした。母は周囲から「鹿島なんて、来年つぶれるって言われているわよ。そんな会社の人と結婚して大丈夫なの？　やめたほうがいいわよ」と吹き込まれ、破談寸前になった。

そこでお仲人さんが「あいつは田舎で埋もれるような男じゃない。必ず東京に行って一旗揚げるから、将来を見込んで結婚してやってくれ」と頭を下げて頼み込んできたので、母は結婚を承知した。

「私は東京につられて結婚したようなものだ」と笑い話にしていたけれど、私が1歳の時に東京行きは実現する。

昭和32年、上京した私たち一家はできたばかりの豊島区の社宅に入る。6畳二間にダイニングキッチンが付いた社宅は、風呂場がないにもかかわらず、当時としては最先端の住宅だった。

父の現場はフジテレビ本社、羽田空港など。

昭和33年2月2日の日付で、「富士テレビ竣工式・屋上にて」という、父の写真が残っている。日本には、続々と新しい建物が立ち上がり、地方ではダム建設などの大掛かりな工事が行われていた。

慧玉が来日した昭和36年は、日本中がその気概に満ちた時代に当たる。

吉武泰水は日本の建築計画学の体系を築いた創始者である。戦争直後は戦災復興のため、国から週極住宅、学校、病院など、公共建築の標準プラン作成を委託されていた。

慧玉は、日本で病院設計を学ぶつもりだった。そんな慧玉にとって、吉武研究室はうってつけだった。

吉武研究室には戦時中、台湾から日本にやってきた先輩の台湾人建築家、郭茂林がすでに在籍していた。

郭は吉武が「建築計画学」をまとめる際に、長期間悩み苦しんでいた姿を目の当たりに見ている。その吉武を、構造の武藤清が叱咤激励していた光景は、郭にとっていつまでも忘れられないものになった。

当時各地の軍病院が国立病院として一般に開放されることになり、吉武と郭がその改革のモデルプランを作って厚生省に収めていた。吉武のコンセプトは、病院は病棟が主軸であり、病棟の主役は看護婦である、というものだった。患者がそこで心置きなく療養できること、その患者に接する看護婦たちが気持ちよく効率的に動けるような配慮が必要だ、という観点だった。主役は医者ではない、という全く新しい考え方である。

学校建築では、「戦前とは違い、生徒が自ら学習する、そのうえで教師がアドバイスしたり相談に乗れるような、民主主義的な開かれたものであるべき」、という考えだった。試験的に作ったのが成蹊小学校であり、やがて研究生たちがより磨きをかけたものが、全国に普及していった。

吉武のもと、学生たちに仕事が割り振られていく。大学院の設計科は設計事務所と同じようなものだった。慧玉はそれについていくのに必死だった。

なにせ日本最高峰の大学である。その中でもえりすぐりの研究員たちの仕事についていくのは並大抵のことではない。

外国人であり、障碍があり、しかも女である。建築の社会は、徹底した男社会だ。男ばかりの中で、たった一人、慧玉は奮闘した。

どれほど苦労があっても、身につく苦労だ。やりがいもある。台湾で培った根性で、慧玉は日々の仕事をこなしていた。

しかし努力だけではどうしようもないことがある。それは日本の生活習慣だった。日本語は流ちょうに話せる。問題は日本式の家屋の造りだった。日本に留学していた両親のおかげで、その友人がたくさんいる。週末になると必ずそのお宅に招かれるのだ。

もちろん裕福なご家庭ばかりだ。家に着くと、まず段差の大きい上がりがまちが待ち受けている。足の悪い慧玉は、右の足を抱えてよっこらしょとよじ登らなければならない。そして客間に通されると、立派な床の間の前に座らされる。頑丈な長下肢装具を付けた慧玉には、正座することができないのだ。右足を投げ出すようにしてしか、座ることができない。行儀が悪いこととはわかっているし、相手の家族も慧玉の障碍は重々承知だ。それでも、まじめな慧玉にとって、この行儀の悪さは耐え難いことだった。

この時とばかり、豪華なご馳走をいただいても、飲んだり食べたりすれば、次にはトイレに立ちたくなる。立ち上がるたびに助けてもらわなければならないし、この当時の家庭のトイレは和式しかない。

次第に慧玉は、週末を迎えるのが苦痛になってきた。

台湾では椅子に座る生活様式だったので、障碍があってもさほど意識せずに暮らしていくことができた。

環境が変われば、これほどまでに生活することが苦しくなるのか。慧玉にとって、それは新しい発見だった。

障碍は環境が作るもの。

では、その環境を変えればいい。

文字通り、転んでもただでは起きないたくましさこそが、慧玉である。この時の体験が、彼女の一生に大きな影響を与えたのだ。

大学院では、仕事をすると報酬が出る。しかしまだ駆け出しの慧玉では、毎日の生活を支えきれない。家から仕送りのない慧玉は、アルバイトまでして働いた。

大学院の仕事を終えると、ビルの清掃の仕事をしたのだ。障碍がある慧玉にとって、肉体労働は普通の人よりもはるかに負担が大きい。それでも学生にできる仕事は、なんでもやった。

「このころのバイトは、時給１００円でした」と言うのは、慧玉より少し遅れて東京教育大学大学院に留学した林銀である。

林銀は東京五輪の年に来日している。

「当時は留学ブームでした。一番人気はアメリカ。その次は日本」

林銀が来日した時には、すでに日本と台湾は飛行機で結ばれていた。そして新幹線も開通している。

昭和39年。小学校二年生だった私は、社宅の屋上から自衛隊機が描いた五輪のマークを見たことを、はっきり覚えている。

世の中全体が明るい空気に包まれ、戦後の暗さを吹き飛ばそうとしていた。いまだ戒厳令下で束縛のある台湾より、自由な海外に行きたい！　若者たちは、そう願ったのだ。

「でも当時の留学は、なかなかできませんでしたよ。お金の問題より、まず資格ですね。保証人がいなければ受け入れてもらえない。保証人にも厳しい資格があって、社会的地位がある、そして十分な収入があること」

林銀の保証人になったのは、台湾人を妻にしている、元軍人の会社社長だった。この社長は何人もの台湾人留学生の、身元引受人になっていたという。

その社長の家に1年間ほどいて、その後下宿をいくつか変わる。六畳のアパートの家賃は1か月7000円だった。

月7000円というと、いまの感覚ではひどく安く思えるだろうが、昭和30年に結婚した時の私の父の月給は、月1万円だった。さすがに10年近くもたてば、少しは父の給料も上がっていたとは思うが、7000円は安くない家賃だ。

国立大学の学費は1年に1万円。早稲田大学は18万円。

「電車の初乗り運賃が10円の時代です」

最終的には白山にある一戸建てを4～5人の友人たちと一緒にシェアし、住むようになった。

裕福な林銀の留学生生活と比べると、慧玉の生活は天と地の差があった。留学生ビザしかないので、本来バイトをしてはいけない。しかし背に腹は代えられなかった。

このころ、慧玉は大きな人生の転機を迎える。

成功大学で同級生だった永全が、慧玉が日本にやってくる半月ほど前に、すでに来日していたのだ。卒業して3年、2人の縁は切れていなかった。永全の家も決して貧しくはないが、留学するなら資金は自分で貯めなければならなかった。そのため彼は、バイオリンのコンサートを開き、お金を稼いだのだ。

だが永全が好きか嫌いかという以前に、慧玉の頭には最初から「結婚」というものがなかった。

「何度プロポーズされても、私には結婚する気がありません。あなたでなくとも、他の誰とも結婚する気がないんです」と毎回断っても永全は引き下がらない。

「僕がフォローします。2人で頑張ればなんとかなるはず」

101回目のプロポーズ並みの押しで、粘り強く慧玉にアプローチし続けた。

「永全さんは、どういうお人柄でしたか」という私の問いに、林銀はひとことでこう言い切った。

「純情！」

その純情に、とうとう慧玉は根負けした。少しずつではあるが、結婚を現実のものとして

東京大学時代の林永全と陳慧玉（玉子）

考え始めたのだ。

　となると、問題は慧玉の足である。重い器具を付けて、家事や育児をこなせるかと言えば、それはなかなか厳しい。

　いくら永全にたっぷりの愛情があるとはいえ、結婚は日々の生活そのものだ。必要以上の負担はかけられない。

　慧玉は決意した。

「手術を受けよう！　器具を外して自分の日本の足で立ってみたい！」

「先生に手術をしていただくわけにはいきませんか？」、慧玉は東大附属病院整形外科の津山先生に直談判した。

「わかりました、引き受けましょう」、無理を承知のお願いだったが、思いのほかすんなりと先生は引き受けてくれた。

　手術は2回に分けて行われた。

**整肢療護園に入院**

第1回は足首の矯正手術。日吉の労災病院である。入院中に慧玉は、大人のリハビリテーションをじっくりと観察することができた。

2回目の手術は膝関節の固定手術。慧玉は「子供のリハビリ現場を観察できる病院がいい」と希望し、板橋にある整肢療護園に入院。術後のリハビリテーションを自らも受けながら、子供たちの様子を観察したいという趣旨だった。

それは「肢体不自由児の建築計画学研究」という修士論文として結実する。

この当時の写真では、慧玉は子供たちと遊ぶ優しいお姉さんだ。慧玉自身がつらいリハビリの最終でありながら、表情はあくまでも明るい。子供たちの笑顔に囲まれたこの時間こそが、慧玉にとっても癒しだったのだろう。

母の石満が台湾から駆け付けて見舞ってく

整肢療護園の子供達と

れたことも、慧玉の心の支えとなった。

退院後、慧玉は病院にこんな手紙を送っている。

「1963・09・04
4ヶ月間入園した整肢療養園より、又も雑踏とした社会へ帰りました。天真爛漫な子供達と一緒にいた、これらの月日は、私の一生で一番忘れがたい一幕となる事でしょう。

失われたものよりも、残されたものを、一生懸命に訓練する、小さな闘士達。輝しい前途を開拓できる様に、神の御名により、お祈り致します。　Chen～陳」

写真では笑顔で映っている子供らだが、小さな身体で障碍をおった、その気持ちはどんなものであっただろう。慧玉にはその苦しみもつらさもよくわかる。だからこそ彼らも慧玉になついたのだ。

長い、つらい療養生活を支えたのは、慧玉の向学心、前向きな心、子供たちが頑張る姿。そして何よりも永全の強い愛情だった。

入院しながら自分の研究もできる病院、そんな贅沢な願いをかなえてくれたのは、東大の関係者たちだった。

のちに慧玉はこの時の一人から、「いや、あの時は大変だったんだよ」と、内輪話を聞かされた。板橋の病院には、「患者は20歳以下」という条件があったのだ。

とっくに成人した、しかも外国籍の患者。

規定を覆して受け入れてもらうために、何人もの知人が奔走したのだ。

「ありがとうございました！」

申し訳ない思いと感謝の気持ちでいっぱいになり、慧玉は先生に頭を下げた。

無理を通せたのは、「どうしてもこの研究をやり遂げたい」という慧玉の情熱だった。その情熱が周囲を動かし、病院を動かしたのである。

ただのわがままではない。研究は立派に実を結び、のちに日本の社会に還元されたのだ。

1年に及ぶ療養生活だった。台湾の手術で切断された血管も、つなぐことができた。

歩くたびに大きく身体が傾くけれど、それでも「自分の足」で歩くことができるようになったのだ。

やった！　やっとあの重たい器具から解放される。

とうとう自分のこの足で歩くことが出来るのだ！
慧玉の喜びは大きかった。それは、そばで支えていた永全の喜びでもあった。
そして慧玉は、やっと永全のプロポーズを受け入れる決意を固めたのだった。

# 第二章　子育てと、仕事と

## 怒涛の結婚生活

昭和40年夏、台南の教会で慧玉と永全は結婚式を挙げた。名門成功大学の首席だった才媛を妻に迎えるということは、永全の家族にとっても喜ばしいことだった。

慧玉は修士課程修了直後、永全は博士課程在学中である。

美しいテイアラをかぶり、真っ白いウエディング姿の慧玉は、王女様のようだった。細身の永全は、神のみ前で緊張した面持ちで玉子を迎えている。

慧玉に恋をしてから何年になるだろう。待ちに待ったこの日、永全にとっては格別な思いがあったに違いない。

やがて東京に戻り、2人にとって新しい生活が始まった。慧玉は修士課程を修了し、永全は博士課程在学中である。

6畳一間のアパートで始まった新生活。昭和の時代によくあった木造アパートで、小さなキッチンはついていたものの、トイレは共同。お風呂はついていなかった。

この当時、お風呂がある家は「内風呂」と呼んで、珍しかった。私が子供のころ住んでいた社宅にも、お風呂はついていなかった。

母の実家では大きな風呂桶に水を運び、薪で風呂を焚いていた時代である。

お手軽な手段として、たらいの行水は珍しいことではなかった。慧玉はたらいにお湯を汲み入れて身体を拭いていた。

足が悪い慧玉にとって、銭湯通いは苦痛でしかなかったからだ。いくら自分で歩けるようになったとはいえ、悪い足を見ず知らずの人たちの目にさらすことには、大きな抵抗があった。

高度成長期の真っただ中、建築の仕事はいくらでもあった。２人合わせて暮らせるほどの収入はあったが、その代わり徹夜続きの日々が続いた。

東大付属病院のリハビリテーション外来・北病棟、都の職員病院、山梨県の精神病院、福祉村、怒涛の勢いで慧玉は仕事をこなしていった。

そんなある日、慧玉は妊娠に気づいた。夫婦とも子供を切望していたから、これは嬉しい出来事だった。

永全とともに喜んだのもつかの間、その子は流れてしまった。徹夜続きの毎日、あまりの忙しさに、母体がついていけなかったのだ。

しかしまたすぐに慧玉は妊娠する。

足が悪い私が、無事子供を生めるだろうか。その心配は杞憂に終わった。なんと、３６０0グラムの女の子を正常分娩で産むことができたのだ。

慧玉は台湾の実家には帰らず、東京で子供を産んだ。最初の足の手術のこともあり、台湾の医療に不安を感じていたのかもしれない。

そして年子で次女誕生。長女文子、次女悦子の子育てと仕事。家のなかはまるで戦場だった。

永全は大学院で博士号を取得したのち、新橋にある横峯設計事務所に勤めていた。のちに代表取締役になり、退職後は長く顧問を務めることになる。

「設計図は家にいても引ける。なんとかなるだろう」、そう思って在宅で仕事をつづけた慧玉だった。子供たちをそこいらに転がしておきながら、図面を引く。

「この人たち（慧玉の娘たちのこと）は、永全さんが育てたようなもんですよ」（恵）

永全が育った家庭を、台南の人たちは「愛ある家庭」と呼んでいた。細やかな愛情を受けて育った永全は、家族にも同じように惜しみなく愛を注いだ。

玉子の代わりに子供たちをお風呂に入れたり、こまごまとした身の回りの世話をしたり。しかし仕事をしながらの年子の子育ては、いくら永全の援護射撃があったにしても、限界に近づいてきた。子供たちが動き始めると、いろいろなものに興味が出てくる。細かい製図の道具をいじられては、仕事の邪魔にもなるし、第一危険なのだ。

「下の子は台湾の実家に預けようか」と、慧玉は思い悩んでいた。中華圏では、生まれた子供を実家の祖父母が育てる伝統がある。

「それは大変だ。このままだと仕事が続けられなくなるよ。あなたがいなくなると、職場も困る。陳さん、僕が保育園に掛け合ってみよう」、こうして職場の上司が公立保育園の枠を取ってくれた。

「これで子供たちを手元で育てることができる」と、慧玉はほっとした。

「三種の神器」という言葉が流行したのは1950年代後半である。白黒テレビ、電気洗濯機、冷蔵庫を指す言葉だ。庶民にとって、この電化製品を手に入れることが、あこがれの的だった。

慧玉はいち早く電気洗濯機を買ったに違いない。洗濯ほど、主婦の労力を奪うものはないからだ。しかも力仕事だ。

慧玉には、洗濯機で永全のスーツを洗ってしまい、ボロボロにしてしまったという武勇伝が残っている。

この話を聞いた悦子は「えっ、お母さんがそんなことを……」と絶句したが、姉の文子は「お母さんだったらやりそうなことだね。だってお嬢さん育ちで、家事能力なかったもの」と、あっさり認めた。

家事能力がない、と子供にまで言われる慧玉。仕事では優秀でも、母の面目丸つぶれだ。

子供たちが少し育ちあがったころから、林家では「自分のことは自分でやる」という習慣だった。永全も慧玉の家事音痴は承知の上だったが、さすがにスーツをボロボロにされたときには頭を抱えていた。

子供たち2人を保育園に入れ、これで仕事に集中できる、はずだった。しかし次に持ち上がったのは「お迎え」の問題だった。

いまでこそ保育園は働く母親の味方だし、延長保育は当たり前だ。だがその当時の保育園は時間に厳しかった。お迎えの時間に間に合わないと、保育士から厳しく叱責される。5分、10分というささやかな時間をめぐって、母親たちは保育園とたたかっていた。今のような延長保育が認められる時代ではなかったのだ。

時間に間に合わなかった母親が、息せき切って保育園にたどり着くと、ぴしゃりと締め切られた門の前で、荷物を持たされた我が子が立っていた、という話さえあるほどだ。今だったら間違いなく「虐待」として通報されるような案件だ。

当然だが、慧玉はお迎えの時間に間に合わない。まだ二重保育という言葉もなく、制度もなかった。

「子供たちを預けられる人はいないかしら」

慧玉は必死になって、自分が帰るまで子供たちを預かってくれる人を探した。

次女の悦子は違うおばさんたち何人かに預けられたことを覚えている。

そのうち同じアパートに住んでいる八百屋の叔父さんが、彼女たちを預かるようになった。

その叔父さんはトラックで野菜を運び、売りに行く、今でいう移動式の八百屋だった。積みこむ野菜はこだわりが強い、個性的な、質の良いものばかりだった。

意を決して保育をお願いしたけれど、叔父さんには即座に断られてしまった。そこをどうしても、と何度も頼み込み、三度目にやっと引き受けてもらえた。まさに「地獄に仏」である。

こだわりが強いということは、責任感も強いということだ。叔父さんの人柄、奥さんの人柄を見込んでのお願いである。叔父さんのほうも、慧玉たちがどのような人物かを見極めてから引き受けたのだ。

こわもての叔父さんとは違い、おばさんはおっとりした優しい人だった。夫婦には男の子しかいなかったから、2人の娘はとてもかわいがってもらえた。

文子と悦子はご飯を食べさせてもらい、一緒に遊びながら両親の帰りを待っていた。

子供たちが小学校に上がると学童保育に入れることになり、保育は卒業することになった。しかし慧玉と永全は、困ったときに親身に助けてくれた恩を忘れなかった。正月には子供たちを連れ、夫婦であいさつに行くのが習わしだった。

昭和45年、東京都養育院の設計指導を担当したことがきっかけで、慧玉は東京都老人総合研究所リハビリテーション医学部渉外研究室室長（専門副参事）に招聘《しょうへい》される。

慧玉、36歳の時であった。

昭和63年、東京大学工学博士を取得。厚生省、建設省の研究機関などの講師も歴任する。

家庭では、慧玉と永全は日本語、台湾語のちゃんぽんで話していた。特に子供に聞かせたくないことや、けんかをするときには台湾語である。「北京語だとよそ行きの言葉に思える」という世代である。

しかし子供達には、日本語でしか話をしなかった。家族としての会話は「日本語」である。

「自分たちは台湾人、中国人だけれども、日本で成長する子供たちには、日本人としてのアイデンテテイを持ってほしい」、そう願ったのだ。

まだまだ「台湾」というと、「日本の植民地だったでしょう」と、一段も二段も低くみられることが多かった。

台湾人の知人で、ほぼ私と同年代の女性がいる。彼女は大学で建築を専攻、台北の設計事務所に勤めていた時に、仕事で知り合った日本人の男性と結婚した。日本では夫婦して大手百貨店の大きな仕事をいくつもこなしている。

それでも子供たちの学校で「台湾人」と知られると、「夜の仕事でもしていたのかしらね」と、陰口をたたかれることが多かった。

「日本人は傲慢です」と、悩んだ彼女は子供たちを中学から私立に通わせることにした。これで偏見からは遠ざかったという。

まして、まだまだ昭和の中頃である。女性であり、台湾人であり、しかも障碍がある。慧玉への偏見は大きかった。

私の同級生には女子大の建築学科を出てハウスメーカーに勤めた人がいるが、彼女の場合も、現場に行くと職人から、「お嬢ちゃんはそっちにどいていて。じゃまだからね」と、まるっきり相手にはされなかったという。

それより何十年も前のことである。小柄な慧玉は、黙っていたら軽く扱われてしまう。

「丁寧な言葉なんか使っていたら、なめられる」と、職場ではもっぱら男言葉で通していた。あるとき一緒に仕事をしていた男性が、その仕事を独占しようと、施主に慧玉の悪口を吹き込もうした。もちろん、根拠のない悪口なので、彼の望む「陳下ろし」はなかなかうまくいかない。

業を煮やした彼は、「陳は台湾人だから」と、国籍まで持ち出した。根も葉もないうわさ話を周囲にまき散らし、とうとう権威ある教授まで巻き込もうとした。

「ここまでされて黙って引き下がることはできない」、そう考えた慧玉は、教授にすべてを話した。教授は2人を呼んでそれぞれの話を聞くと、「今回は○君が悪かったね。きみ、陳さんに謝りなさい」と言ったのだ。

彼は慧玉に頭を下げ、施主にも事情を話して謝ってくれた。

普通の日本人ならここで終わり、この男性とは二度と仕事をしないどころか、すべての接点を絶ってしまうだろう。

しかし慧玉は「わかってくれたらいいのです」と、彼を許し、一緒に仕事を続けている。このことによって、慧玉は「正しいことは必ず認めてもらえる」「自分を安売りしない」ということを学んだ。

ほかにも、いうに言えないような苦労がたくさんあったに違いない。けれども慧玉はそれを飲み込み、家族にさえ泣き言は言わなかった。

慧玉にとっての厄介ごとは、まだあった。夫の永全である。

仕事関係の人とは、プライベートでの付き合いはない。まじめ一方の永全だが、困った癖があった。

仕事をしていて自分の思い通りに進まない、意見が通らないと、ちゃぶ台返しをして「金は要らないからな！」と怒って帰ってしまうのである。

学者肌の永全にとって、自分の主義を曲げることは納得ができなかったのだ。

帰宅した永全から話を聞くと、「そうはいっても仕事をした分はきっちり払ってもらわないと」と、慧玉がしりぬぐいに出かけていく。陳家の女たちは、お金に関してはきっちりしていた。

「両親の関係って、姉と弟みたいでした。母にとって父は弟みたいな感じに思っていたんじゃないかな」（次女悦子）

夫婦喧嘩の内容は子供にはわからなかった。

おそらくお金のことじゃないかと思う、という悦子だが、こんなこともけんかの原因の一つだったのだろう。

母の石満は年に何度か、日本に遊びにきた。そんな時には慧玉もおしゃれをして、母と一緒に観光やショッピングを楽しんだ。

姉慧姿も夫と息子2人を連れて、日本に移住していた。夫は商社勤務、慧姿は中華料理店を開いていた。年子の双子、と言われた姉妹は、日本でも一緒になったのだ。

昭和45年に開催された大阪万博。日本中が熱狂の渦となり、テレビでは連日万博の様子が放送されていた。

「世界最先端の技術が公開されているんですって。どうしてもこの目で確かめたい、見てみたい！」

そう思うと、慧玉はいてもたってもいられなかった。勉強好きの永全も同じ気持ちだ。

そしてなんと、この夫婦は2歳、3歳の娘ふたりを慧姿の夫に預けて、大阪に行ってしまったのだ。この時、姉の慧姿は台湾へお里帰りしていた。付け加えるなら、慧姿も息子2人を夫に預け、身軽な一人旅で帰ってしまっていたのだった。

慧姿の夫は妻と同級生で、永全と同じく、押しに押しての恋愛結婚である。喧嘩をしても、「あのとき、あんなに結婚してくれって頼まれたから、結婚したのよ」と言い返せば、夫は何も言えない。

惚れた弱みで、石満から始まって、陳家の娘たちが嫁いだ家庭はすべてかかあ天下だった。

まだおむつも取れたか取れないかの幼児ふたりを、姉ならともかく、姉の夫に預けるというのも度胸がいい慧玉である。なぜかその時、父の呈祥が来日していて、姉の家にいた。

おじいちゃんとおじさん、男2人で4人の子供たちの育児に追われるという始末だった。次女の悦子は泣き虫で有名だったから、2人はさぞ手を焼いたことだろう。

1週間ののち、万博を堪能した慧玉夫妻が帰ってきたときには、男ふたりは疲れ果てていた。

大阪万博は、日本はもとよりアジア初の万国博覧会だった。当時、史上最大の規模を誇ったといわれる。アメリカに次ぐ世界第2位の経済大国となった日本を象徴する一大イベントだった。

万国博覧会の名誉総裁は、当時の皇太子・明仁親王殿下、名誉会長は内閣総理大臣・佐藤栄作。

多くの企業、建築家、研究者、芸術家たちがパビリオン建設、イベント制作、展示物政策などに関わった。東京五輪以来の大型国家プロジェクトである。

会場周辺市街地では、道路や鉄道などの建設に拍車がかかり、大規模な開発整備がなされた。東京五輪の時に、新幹線開通、都内の道路整備がなされたのと同じだった。

費用は6500億円あまり。

各国のパビリオンでは、最新の技術、文化がお披露目された。それぞれ国の威信がかかっているので、気合の入れ方が違う。

特に話題になったのが、アメリカのアポロ12号が持ち帰った「月の石」だった。連日長蛇の列が続き、すさまじい人気だった。

同級生が夏休みに見に行き、興奮して話していたけれど、彼は何時間並んだのだろうか。

慧玉と永全は思う存分各国の展示を見て歩いた。大いに刺激を受け、また大阪のおいしい食べ物にも舌鼓を打ったことだろう。

この年、東京都養育院の設計指導を担当したことから、慧玉は東京都老人総合研究所リハビリテーシ研究室室長に招聘され、就任する。

同じ年の1月、あるドラマが放送されている。「女と味噌汁」という、平岩弓枝原作、池内淳子主演である。東芝日曜劇場７００回記念のこのドラマは、このシリーズの中では異色の内容だった。

芸者てまりがライトバンで味噌汁を売り歩くというストーリーで、あでやかな芸者姿と対照的な家庭的な姿を見せる池内に、人気が集まったドラマである。

この回では山村総演じる大学の教授と、てまりがいい感じになりかけたところで、突然、彼の娘と称する女性（大空真弓）が現れる。

彼女はインドネシア人。戦争中、山村が現地で結婚し生れた子供だ。万博が開催されるというので、コンパニオンに立候補。父親を捜しにやってきたのだ。

戦後、インドネシアに骨をうずめるつもりだった山村だが、強制的に日本に帰され、母子の同行は許されなかった。父娘は対面し、山村はインドネシアに帰る、という話だった。

もはや戦後ではない、と言われて10余年。だが戦争はまだ、暗い影を残していたのだ。

昭和35年に総理大臣池田勇人の下で打ち出された「所得倍増計画」。昭和48年までの間は「高度成長期」と呼ばれ、年間10％という驚異的な成長率を打ち出していた。

日本はまだ若く、次々と革新的技術が生まれていった。もっと豊かに！

もっと、もっと、もっと！

東アジアの小さな国が、経済大国2位になる。欧米の白人社会からは、侮蔑を込めて「エコノミックアニマル」と揶揄されても、負けないだけのエネルギーがあった。

日本国民は、おしなべて栄華と豊かさを存分に味わっていた。

しかしそのとき台湾は、まだ戒厳令のもとにあった。

## 「慧玉」から「玉子」へ

仕事が安定するに従い、慧玉夫妻は日本を終の棲家に決めようとしていた。だが何回帰化の申請をしても、通らない。

後から日本にやってきた姉の慧姿はすでに日本に帰化していた。

「日本への帰化は、世界一厳しいし、難しい。私たち夫婦も玉ちゃんの後を追いかけて日本に行きたかった。そもそも私は日本に留学したかったんですよ」と語る。

だが大学時代の同級生が、「どうしても」と慧姿との結婚を望んでいた。まだ結婚する気がなかった慧姿だったが、彼の父親の具合が悪くなり、元気なうちにと迫られて、やむを得ず結婚したのだ。

夫の実家は台湾でも指折りの茶商だった
昼頃に起きてベッドに食事を運ばせる。メイドに支度を手伝わせ、夕方になるとナイトクラブに繰り出してパーティー三昧。

けれども慧姿の心は晴れなかった。

「つまらないですよ、そんな生活。飽きちゃうんですね、私は働くのが性に合っている」

折も折、政府の無茶な金融政策のおかげで、夫の商売は大打撃を受けた。

「政府が払うべきお金を半分に値切ったんです。あり得ないでしょう、でもそのあり得ないことが起きる時代だったんです」

台湾ドラマ「茶金」を見ていた時、「あ、このことか！」と思うエピソードがあった。

外為の公式レートが一気に半分に引き下げられたのだ。それまで15元だったのが、7・5元になったのである。

つまりお茶を輸出するときは1ドル15元の計算だったのに、支払われるときには7・5元。支払われない7・5元は政府の懐に入るという寸法だ。

茶葉の輸出は当時の台湾政府にとって、数少ない外貨を取得する手段だった。だからうまみを吸い取ろうとしたのである。

「民間の外貨を狙い撃ち」「公式レート適用は2割のみのはず」と、食い下がってもどうしようもない。しかも私的な外為業務は一切禁止となったので、にっちもさっちもいかない。今にも死にそうだったはずの舅はぴんぴんしていて、夫が思うような仕事はできない。これに夫は大きな不満を抱いていた。

ここで夫婦は示し合わせて家を出てしまった。慧姿の頭には、常に「日本に行くこと」があった。

帰化より前に日本へのビザを取らなければならない。夫は商社に勤めたので、大丈夫。しかし慧姿には配偶者ビザが出ない。留学生を装うにも、留学生は日本に行ったら仕事ができない。

そのため2年間、慧姿は夫の商社でタイピストとして働いた。だが日本へ行くことは、まだ難しかった。旅行ならともかく、行って住む、生活するとなると困難を極める。

ブラジルという選択肢もあったが、やはり日本にこだわりたかった。しかしどんな手段でもはねのけられる。

さすがの慧姿もとうとう根負けし、ブラジルに移住する手続きを始めた時だった。台湾から連合軍が引き上げ、台湾に住む台湾人は「難民扱い」となったのだ。

こうして慧姿夫婦は日本に帰化し、晴れて日本人としてやってきたのだった。

慧姿は4回、名前が変わっている。陳慧姿から日本人としての名前「東條慧姿」、終戦後にまた陳慧姿に戻ってから、帰化したのちの名前は「正田恵」。

正田の正、は、親せきのある人物の名前からとっている。「蔣渭水」。彼についてはまたのちに触れることにする。

「慧という字はとても好きだったけど、この時の日本では、名前に付けるのに認められなかった。だから意味が同じ『恵』に決めました。ケイ、とも読めますしね」

慧玉夫妻は日本在住だったので、このときの「難民指定」からは除外されている。国と国との関係によって、運命が変わってしまう。歴史に翻弄されたともいえるが、そんなセンチメンタリズムとは無縁なのが華僑の逞しさでもある。

何とかして日本に帰化したい。

慧玉たちも必死で考えていた。「台湾人」ということは、残念ながらその当時の日本では、プラスになることはなかった。

仕事で差別されたことは、前にも述べた。普段は日本人と同じように接していても、なにかあれば「やっぱり台湾人でしょ」という言葉を、相手の目の中にとることがある。とうとうあきらめた夫妻は、アメリカ国籍を取ることを検討し始める。そのため、年に一度グアムに家族旅行をすることにした。

「グアムには何度か行きました。子供のころだからそんな複雑な事情など分からず、ただ楽しかったことだけ覚えています」と悦子は回想する。

慧玉はスーツケースにいっぱいのカップ麺を詰め込み、ホテルでは毎日それればかりたべていた。せっかくグアムにまで来て、毎日カップ麺三昧では、子供たちはたまらない。

「せっかくグアムに来たんだから、もっとおいしいものが食べたいよ」、文句を言っても、慧玉は「お金がないから」と言って、子供たちを黙らせた。

それでもビーチに出て遊ぶのは楽しかった。

長女の文子は、慧玉と永全が2人して泳ぎに出たことをはっきりと覚えている。永全が慧玉を浮き輪に入れて、2人で泳ぎだしたのだ。大した距離ではなかったが、このまま父と母が帰ってこないのではないかと思うくらい、文子は不安になったという。

「2人の世界に入っていたんでしょうね。ずうっと遠くに見えて。仲がいいんだなあと思ったのを覚えています」（文子）

幼いころ海でおぼれたことから水遊びすら嫌がっていた慧玉だったが、永全さえいれば怖くなかった。

そしてここで、またしても歴史の歯車が大きく動く。

昭和47年、当時の首相田中角栄によって日中国交正常化がなされる。この年、永全と玉子は日本に帰化した。

歴史に「もし」はない、というが、もし日中国交正常化がなかったとしたら、慧玉夫妻はアメリカ国籍を取得したかもしれない。それは日本にとって、大きな損失となっただろう。様々な手続きを経て、正式に帰化したのは、昭和49年1月。

慧玉40歳、永全39歳。やっと日本国籍を取得した慧玉は、永全の戸籍に入り、林姓を名乗ることになる。

以後、慧玉は「林玉子」となる。

日本人としての新しいスタートだった。

## 育てたように子は育つ

2人の娘はすくすくと育っていった。自分の身体に障碍がある玉子としては、我が子に何事も起こらず、無事大きくなっていくことは、何よりもうれしいことだった。

保育園に通っている娘たちが物心つき始めた頃、玉子は自分の足のことを子供たちにどう伝えるか、考えた。

うちのママは歩くたびに身体が大きく傾く。運動会では、決して走らない。

幼心にも、うちのママはよそのママとは違う、ということに気づきはじめたのだ。

保育園の友達から、からかわれるかもしれない。何気ない一言が、娘たちの心を傷つけるかもしれない。だったら先手を打とう。

玉子は娘たちにこう言った。

「ママの足は片っぽ短いでしょ。これ、どうしてだか知ってる?」「え、なに、どうして?」

娘たちの目は好奇心でいっぱいだ。

「実はママはね、飛行機から飛び降りたんだよ！」「まさか！」

子供たちは「きゃあぁ！」と声を上げて驚く。

「ジャーーンプ！ってね。でも着地に失敗して、その時足を痛めちゃったんだ。ママは勇敢だったんだよ。この足は、その証拠。ママのご褒美なんだよ」

勇敢なママ、飛行機から飛び降りたママ！

こんなこと、他のママには絶対にできない、すごいママ！

子供たちの目は、興奮できらきらと輝いた。

案の定、保育園の友達から「アヤちゃんのママ、歩き方がヘンだよ！」と言われたこともあった。そんなとき、娘たちは「何言ってんの、うちのママは飛行機から飛び降りて足をくじいたんだよ！　カッコいいでしょ！」と言い返していた。

障碍があるからと、それをネガティブにとらえて暗くなっている必要はない。冗談に紛らわせて、明るい顔をしていればいい。胸を張っていれば、だれからも何も言われないのだ。

共稼ぎの生活は、子供をも巻き込む。洗濯ものをたたむなど、子供の成長に合わせてお手伝いは当たり前のことだった。

一つ、ママには嘘をつかないこと。

二つ、自分でしたこと、言ったことには責任を持つ。

三つ、文ちゃんは文ちゃんらしく、悦ちゃんは悦ちゃんらしく。

玉子と永全は、娘たちに三つの約束を固く守らせた。

日本に来て最初に玉子が驚いたことは、母親たちが子供に「あなたは女の子なのだから」という言葉をよく使うことだった。

「女の子なのだから後片付けをしなさい」「女の子なのだから、みんなの靴をそろえなさい」

その間、男の子たちは自由に遊んでいる。

台湾では、いや、少なくとも玉子が育った家庭では「女の子だからこうしなければならない」「ああしなければならない」という制限は、一切なかった。

スケールの大きな母石満と、それを受け入れ、バックアップしてきた父呈祥に育てられた玉子だから、男女の別など、特に意識してこなかったのだ。

だから玉子たちは、娘にも、一度も「女の子だから」と言ったことはない。何をするにもまず、「その子らしさ」を一番に考えた。

そんな玉子にうれしいことがあった。

娘たちがまだ小学校だったころ、家の近くに障碍者の作業所があった。玉子は週末には散歩がてら子供たちを連れていき、障碍者たちが目に入る場所で遊ばせるようにした。

やがて子供たちが小学校高学年になると散歩するという習慣もなくなり、いつの間にかその作業所に足を運ぶこともなくなった。

長女が小学校卒業の日、下級生のお母さんがわざわざ玉子を訪ねてきて、お礼を言ったのだ。

「長い間、うちの娘がお嬢さんに助けていただいて、本当にありがとうございました」

驚いて話を聞くと、文子は2本の松葉杖をついているお嬢さんを、通学路の階段のある場所で待っていて、毎日手助けをしていたというのだ。

思えば保育園の時、二重保育を頼んでいたおじちゃんの家にも、知的障碍のある男の子がいた。その子とも玉子の娘たちは仲良く遊んでいた。

身の回りに普通に障碍者がいる生活だったからこそ、娘は気負いもせず、手助けすることを当たり前と考えるような子に育ったのだ。

これは玉子にとって、何よりうれしいことだった。

終の棲家を決めるまで、玉子たちは5回、引っ越しを重ねている。子供が大きくなるにつれ、生活の場としての家に求めることも変わっていく。

そんな玉子たちが最終的に決めたのは、都内の集合住宅だった。三井不動産が手掛けたこの集合住宅は日本初の超高層集合住宅である。

当時の集合住宅は15階が最高だったが、ここでは25階が最高。団地内は1872戸、計6000人が住む。

敷地内にはスーパー、クリニック、公園はもとより、保育園、塾もある。小学校はすぐ近くにある。

およそ生活に必要なものはすべてそろっていて、この中ですべて完結できるように計算されている。まるで一つの小さな町のようだ。

玉子の帰りが遅い時には、置いておいたお金で子供たちは店屋物を取って食べることもあった。同じ敷地内で生活がすべて賄えるということは、働く母親にとって何よりも安心なことだ。

この団地に人工的な息苦しさはない。よくあるマンションの、「隣は何する人ぞ」といった無機質な人間関係は、ここの住人には縁がない。団地内にはいくつものクラブがあって、活発に活動をしている。使われるのは集会所だ。

永全が三井不動産、また施工した建設会社とも仕事をしている関係で、玉子も設計段階でアドバイスをしている。

階段わきのスロープや車いすでも使えるトイレは、玉子の発案だ。また音楽好きな永全は、よく音楽会を主催したりして、生活を楽しむことになった。

永全は動物が好きだった。子供のころは金魚を稚魚から育て、売ってお小遣い稼ぎをしたこともある。どの住まいでも金魚や熱帯魚を飼い、リスのつがいを買ってきたこともあった。

大きなゲージに入れているうちに4匹の子供が生まれた。恵の息子が拾ってきたうさぎをひきとったこともあった。

「どこからか逃げてきたらしいのよ、うちのマンションでは飼えないから」というのを引き取ったのだ。ほかにも九官鳥、インコがいたこともある。

忙しい仕事の合間を見て、動物の世話をするのだから、永全はマメだった。

車が好きだった永全は、玉子の職場の送り迎えも引き受けていた。その当時はまだ駅にエスカレーターやエレベーターなどはない。しかも満員電車に揺られていけば、へとへとになって仕事どころではない。

送り迎えの車の中での2人だけの時間は、忙しい2人にとってコミュニケーションを取るのに大切な時間だった。

娘たちが小学校高学年になったころには、玉子は仕事を少しセーブし始める。なるべく定時に仕事を切り上げ、子供たちと一緒に過ごす時間を増やそうとしたのだ。

一緒に食事を作りながらその日の話をする、思春期になりかけた娘たちにとって、できるだけ母親と一緒にいることが大切だと思ったのだ。

「誕生日にはケーキを買って、ゼリーのお菓子を作ってくれて。お友達を呼んで遊びました。あまり得意じゃないはずなのに、精いっぱい母は頑張って楽しい思い出をたくさん作ってくれました」（悦子）

長期の休みには、台湾に帰ることもあった。父の実家、台南はもとより、宜藍には頻繁に帰っていた。祖母石満が駅まで迎えに来てくれたことを、文子ははっきりと覚えている。

宜藍の家のそばの小川でのしじみ取り。山ほど取ったしじみは、醤油漬けにして食べる。親せきのバイクの後ろに乗せてもらって遊ぶこともあった。冬には宿泊施設がある福島に行き、スキーを楽しむ。

幼い時に1か月間、宜蘭の家に預けられた文子は日本語を忘れてしまい、保育園の連絡ノートに「日本語が話せないので、コミュニケーションが取れません」と書かれて、玉子を慌てさせる一幕もあった。

玉子の両親だけでなく、もちろん永全の両親も、折を見ては日本にやってきた。永全の母はクリスチャンのせいか保守的でつましい人だった。

学校から帰ってきた孫たちに、「靴下が汚れるから脱ぎなさい」というのが口癖だった。娘たちはのびやかに育ち、文子は大学受験を迎える年になった。ところがまさかの全落ち。文子は美大の建築科志望だった。が、2浪ともなると、「来年頑張っても無理かなあ」と、自信がなくなってくる。その時思い出したのが叔母恵の息子のことだった。

「日本の学校ではめちゃくちゃ点が取れなかったんですって。なのにアメリカに行ったらコロンビア大学出て、医者になったんです。その話を聞いて、私も海外に出れば何とかなるかなと思って」

恵のもう1人の息子はハーバードを出て、やはり医者だ。5番目の妹もアメリカにいるし、永全の兄弟もアメリカ住まい。海外に行くという考えは、特別突飛ではなかった。

早速カナダの親戚を頼り、1年間英語をみっちり勉強したのちに、ニューヨークの美大に入った。専攻はグラフィックデザイン。コンピューターグラフィックを習得し、就職先も自分で決めてきた。

文子が入った大学は、アメリカ全土から学生が集まる。留学生も多かった。ブロークンな英語でも、とにかく言いたいことが伝われば十分。美大なので英語で文献を読む必要もない。驚いたのは、高校を卒業してストレートで大学に進む学生が意外と少ないことだった。一度社会に出て働き、大学に通う。学費が足りなくなったら一時休学して、また働いてお金を貯めてから大学に戻る。

「すごくフレキシブルなんですよね。こうでなくちゃいけないってことはないんです。自由で、大学生活を堪能しました」

次女はコツコツ型で、難関国立大の建築科に進学。そのまま大学院に進み、博士号を取っている。大学院に進んでからは、玉子と連名で学会に論文発表をしている。

個性が全く違う子供たちに育ったが、それぞれ我が道を見つけて歩んでいる。

「女の子であること」を強制しなくても、「自分らしく」生きている。

一生結婚はしない、できない。子供も持てないだろう。そう思っていた若いころを、玉子は思い出したことがあっただろうか。

健やかに育った娘たちは、まぎれもなく夫婦2人にとって、かけがえのない財産であった。

## 自分らしく生きる～バリアフリーとの出会い

病院設計を目指して日本に留学した玉子だが、研究が進むにつれて対象は、障碍者施設の研究から高齢者のための施設や住宅の研究へと移っていく。

日本は急激な勢いで高齢化社会へと移行しようとしていた。玉子にも、老人病院、老人ホーム、住宅など生活環境に関する企画、設計、指導が増えていったのだ。

老いるということは、ある意味で身体がどんどん不自由になるということだ。今まで見えていたものが見えなくなる、歩く速度も遅くなる。いきなりのアクシデントに身体が対応できない。

障碍者と高齢者は、機能的にはほぼ同じようなものだという考えで設計する建築家も多い中で、玉子は全く違う見方をしていた。

障碍者と高齢者は、同じようでいて、実は違う。

自らも障碍がある玉子だからこそわかることなのだが、障碍者は障碍がある部分だけフォローすればよい、というのだ。

例えば足が悪い障碍者がいるとする。杖という道具を使って足の悪ささえカバーできれば、他の機能は年齢相応の若さがある。その道具を使うことにも適応力があり、すぐに使いこなすことができる。

しかし高齢者は、昨日できたことが今日はできない。今日できたことが明日はできない。と、どんどん機能が落ちていく。また道具を使うことへの適応力も低い。

事実、高齢者向けの住宅を設計している最中に施主の身体の機能が落ちていき、途中でプランをやり直すことも珍しくなかった。

高齢者への研究が進むにつれて、玉子は気づいた。障碍者向けの住宅、施設よりも、高齢者向けのほうが細やかな心遣いが必要なのだ。

現在（研究当時）の日本住宅には高齢者にとって、大きな危険が潜んでいるのではないか。まず家中、至る所にある段差だ。玄関の上がりかまちはもとより、畳の部屋に入るときの数センチの段差。これにつまずく高齢者は多い。年を取ると足を上げる力が弱まるためだ。階段の位置も問題だ。年を取ると夜中にトイレに行くことが増える。寝ぼけ眼で部屋から出たとたん、トイレと階段の場所を間違えて足を踏み外し、転落するという事故が多いことが分かった。

事故で済めばまだいい。そのまま頭を打ったり、首を折ったりして亡くなるケースも多い。階段は高齢者にとって侮れない場所なのだ。

家の中での位置や、角度、踊り場があるかどうか、よく吟味しなければならない。正直、年を取れば階段で足を踏み外すなど、日常茶飯事だ。老いるとは残酷なことである。しかも、生きていればもれなく人間は老いるのだ。

だが、と玉子は考える。

かつて日本に来たばかりのころ、台湾ではさほど感じなかったわが身の障碍を、日本の住宅ではいやというほど思い知らされた。その時気づいたのだ、「障碍は環境が作る」、と。

ならば老いをカバーするための機能を、家につければいい。

その当時日本で建てられている住宅は、「人生50年」の感覚で作られていた。いまや80年は当たり前の時代だ。それに合うものにしなければ。

自立して最後まで我が家で生きる。年をとっても人生は自分の力で生きていかなければならないのだ。

昭和のころ流行したのが、「畳の上にじゅうたんを敷く」ことだった。じゅうたんを敷いたり板張りがあったり、一つの家の中にたくさんの段差があるのだ。

それがなぜ問題なのか。

ある日、玉子の知り合いのカナダ人女性が興奮して電話をかけてきた。日本人の知り合いの家に滞在し、楽しんでいるはずなのに、と驚きながら話を聞くと、

「日本の家って、どうしてこんなに段差が多いの！」と怒っている。家のあちこちで転んでしまい、その日はとうとう捻挫してしまった。いま病院から帰ってきたところだという。

日本人のお客でも大問題だが、外国人の場合には、下手をしたら高額な訴訟問題に発展しかねない。

段差自体はさほど大きいものではない。1センチにも満たないものばかりだ。けれども年を取ると、その小さな段差が響いてくる。だいたい、なにもないところでさえ蹴つまずくようになるのだ。

段差だけではなく、狭い廊下も問題だ。車いすになったときに、身動きできない。いや、車いす以前に、介助してもらいながら歩く、つまり人2人が並んで歩く広さすらない。

日本の住宅だけではらちが明かない、海外の住宅を見てこなければ！

40～50代に入った玉子は、精力的に欧州各国への視察旅行に出かけた。前後10回ほどで、滞在は10日ほど。北欧はもちろん、カナダ、ブタペスト、オランダなどへも行った。

初めて歩く街なのに、いつも歩く日本の街より楽に動ける！

それはなぜだろう。

公共の場には、必ずエスカレーターやエレベーターがある。そして必ず車いすで使用できるトイレがあるではないか。

今では日本でも当たり前になっているが、駅のエスカレーター、エレベーターも、この当時にはまだなかった。足の悪い玉子は、いちいち階段を使って上り下りしなければならなかったのだ。これがどれほどの苦行であることか。

「どんな人でも自分の力で生きていくことができる」、欧米の街づくりの基本はそれなのだ。

しかし、玉子は気づく。車いすで北欧を旅した時、旧市街に入るとたんに動きにくくなることに。

大きな段差、がたがたとした路。

「北欧でもこのレベルに達するまで、長い時間と試行錯誤を重ねているのだ」と玉子は自分の身体でそれを知った。

あるアクシデントで入院することになった玉子は、デパートに寝間着を買いに行って愕然とした。中高年女性対象というと、ガーゼの着物タイプの寝間着しか置いていない。

「なぜこんな、地味なものしか置いていないの?!」

普段に着る洋服ですら、地味なおばさん服しかおいていない。

母の石満はおしゃれな人だった。いつもあつらえた洋服に身を包み、メイクも丁寧。その娘の玉子も、おしゃれは大好きだった。

玉子の靴は、障碍を保護するために特注である。どうせオーダーメイドなら、と玉子は洋服とコーディネイトさせ、色を変えて何足も持っていた。

のちに玉子は杖を使うことになるが、これもフランス製。何色も展開しているメーカーは、まだ日本にはなかったころである。

アメリカの自立生活センターの障碍者グループのマネージャー、ウーベを羽田空港に迎えたとき、そのいでたちに玉子は目を見張った。真っ黒なスーツに、車いすのシートは鮮やかな赤。見事である。

「車いすはいまや、私の一部。皆さんがコートやドレスに気を遣うのと同じくらい大事なの。だったら、本当に好きな色、好きなデザインにしたいと思って。少々お金はかかったけれども、本当に満足できるものができました。それこそ一生のお付き合いなのだから、気に入って使わないとね」

日本では、まだ「お世話していただく」のに、派手な格好などしては申し訳ない、と感じる人が多いと思うが、「人生を楽しむ」のは、障碍があっても高齢者であっても、「権利」と思う欧米人。

何と素晴らしいことだろう。

洋服選びは、自己表現のひとつだ。自分が他人からどう見られているか、どう見られたいかを計算しなければならない。その点で、このころの日本は、まだまだだった。特に結婚した女性たちは「お母さん」という役割に自己を埋没させてしまっていた。他人と同じに、目立たなければそれでよし。

自己表現など、思いもよらなかったのだ。

北欧のケアセンターに通う高齢者は、男女の別なくきちんとした服装をしている。女性はメイクアップし、男性はネクタイにスーツだ。

施設に入っている認知症患者も、それぞれのおしゃれを楽しんでいる。施設には美容コーナーがあってカット、パーマもできるし、男性には床屋が出張でやってくる。そんな彼らは、外見を見たところでは、とても認知症とは思えない。

残念ながら日本では、いまだに「認知症患者」というと、目はうつろ、髪を振り乱し、服装は乱れていて……、という印象が強い。

父は晩年アルツハイマーになり、老人病院に入ったのだが、ここでは男女一律に支給された同じ色のジャージを強制的に着せられた。

その洗濯代がバカ高い。

そしてどこの病院、施設でも女性はバッサリ髪を切られ、メイクなどとんでもない世界だった。どういうわけか、入れ歯も外される。

咀嚼できないと人間はますますボケる。

どれもこれも、「人間の尊厳」を無視した行為である。

その後父はわけあって精神病院に転院したのだけれど、そこでは私服が許され、いたって人間的に扱われたので、ほっとしたことを今でも覚えている。

障碍があっても、老いてもその人らしく、人間らしく、生きるためには……。

それが玉子の生涯を通したテーマだった。

「住まいは人生の舞台」、「設計家とは人々の人生の舞台を作り上げる仕事」、そう考えてきた玉子にとって、高齢者向けの住宅設計は、まさしくうってつけだった。

北欧視察での最大の収穫は、「バリアフリー」という考えを知ったことだった。

バリアフリーとは障壁がないことをいい、床面について言えば段差のないのっぺりした状態をいう。この段差のない床面にすることが、高齢者住宅では最重要な条件になる。

今では当たり前のこの考えは、当時は革新的なものだった。なにせ日本住宅の根本から、考え方を変える必要があるのだ。

寝室や浴室、台所やトイレなど、一つひとつの日常生活の基本的な場所が、バリアフリーにならなければいけない。

そして手すり。これも今や常識だが、住宅に導入し始めのころは、「こんな年よりくさいもの、辛気臭くなる」とか、「みっともない」といって導入したがらない人が多かった。

「家は三回建てなければ満足するものはできない」と日本では言われてきたけど、そんなことができる人は、いない。

人間の一生は長い。それぞれの人生のステージにおいて、家に求めるものも違ってくるはずだ。子育てをするときと、子供が育ちあがって夫婦2人になったとき、住みやすい間取りは違ってくる。

だったら最初から完ぺきに作りこまず、その時々で対応できるような設計にすればいい。

例えば子育て時期には子供たちにそれぞれ個室を作る。子供たちが独立したら、その仕切りを取ってしまえば、ゆったりとした空間を夫婦2人で楽しむことが出来る。

北欧でも最初は高齢者向けのホームを作り、施設で暮らすというやり方を取っていたが、やがて「自宅で最期まで過ごす」という方向に転換していった。

玉子も定年が近づいてくる年になった。

老後は誰と生きたいか。それは玉子自身の問題でもあった。

画一的なホームに高齢者を押し込め、それで済むというわけではない。相手は人間だから。

心の安定、満足ということを考えれば、それぞれによってニーズが違うのは当たり前なのだ。

シニアハウスやグループホーム。個々のプライバシーが守られることは、絶対条件だ。

近隣との触れ合いを大切にした「ふれあい住宅」。

「さまざまなライフスタイルを日本に紹介して行こう」

そう考えた玉子は、日本でこれらの住宅を立ち上げる人達ともかかわっていくことになった。

研修旅行では、玉子は積極的に多くの友達を作った。旅行に参加している一般の人たち、彼らのうちには、帰国してから介護の体験を生かして、介護用品の店を持つ人もいた。

海外の専門家は言うに及ばない。そして、海外に行くときには友人たちの住まいに泊めてもらうことにしていた。

「私のこの身体で、住み心地を試していくのだ」

玉子はデンマークの共同集合住宅や、オランダの高齢者集合住宅には、特に感銘を受けている。これらの施設は、住民が必ずどれかの委員会に所属し、積極的に生活の環境づくりに関わっている。住民たちの構成は、単身者、夫婦のみ、子育て世代の家族などさまざまだ。日本でもコレクテイブハウスが運営されだしているけれども、運営がうまくいかないところが多い。自分が人生の主役、自分が生きるという意識が強い欧米人に比べると、まだまだ日本人は「他人にお任せ」意識が強いからだ。

ドイツでは子供のころから住宅に関する教育がしっかりなされる。小学校時代をドイツで暮らした知人は、家を建てるときに設計家に依頼した。素敵な住宅で、婦人雑誌にも取り上げられたほどである。

しかし何より素敵なのは、彼女が「自分はこう生きたい」「こう暮らしたい」という目的をはっきりさせていたことだ。

大方の日本人は、まだまだこの点では曖昧に生きているといっていい。

しかし北欧で成功したからと言って、そのまま日本に導入すればいいというわけではない。日本には日本の伝統があり、人とのかかわり方がある。

「北欧からはヒントを得て、日本流にアレンジすればいい」というのが玉子流の考えかただ。こうして玉子は、いくつものホームやハウスの立ち上げに関わっていく。それは日本全国に及んだ。

そしてその玉子の傍らにはいつも、同じ道を進んだ次女の悦子が寄り添っていた。

## 盟友・張忠信

張忠信の下で13年間修業したというのは、高橋雅志（現・高橋設計事務所）である。「親方（張）の事務所はいまでいったら、パワハラ、モラハラ、セクハラの総合デパートでしたよ」と苦笑いする。

高橋は平成元年に張忠信率いる「信設計事務所」に入社した。30歳の時である。

「ちょうど結婚したばかりの年で、次はどこに行こうかな、と求人雑誌を見ていたら、信設計事務所が求人をのせていたんです」

求人雑誌に問い合わせをしたものの、時間がたって応募したことすら忘れかけていたある日、一本の電話がかかってきた。

出ると、「張ですが」、という。所長の張直々の電話だった。たまたまその時、張が引き受けていた現場が、高橋の住まいの一つ先の駅の近くだった。

日にちを打ち合わせ、面接。しかし張は名刺一つ渡していかなかった。

今だったらネット検索すればすぐに連絡先はわかるが、その時代にはそんなものはない。高橋は１０４で「張設計事務所」の電話番号を調べ、連絡を取った。

その場で採用が決まった。

「『電話番号まで調べてきたのは、お前が初めてだ』と驚かれましたね」

気の利いたこのやり方が張に気に入られたのだ。

「入ってからは地獄の毎日ですよ。就業時間なんて、なにそれ、おいしいの？　の世界です。一応10時に出勤、その後はエンドレスで仕事、仕事」

絶えず張の怒号が響き渡る職場、今だったら間違いなくブラックである。いや、当時でさえ規格外の事務所だった。

さて、この規格外の所長、いや、スタッフから「親方」と呼ばれている張忠信とはいったい何者か。

昭和7年、台湾台北生まれの張も、間違いなく日本語世代の人だ。国立成功大学卒。つまり永全や玉子の先輩になる。しかも医者だった張の父親と、玉子の父親は顔なじみだった。

姉の恵（当時は慧姿）が台北の大学に受かったとき、下宿先に決めていた家の息子から変な付きまといをされそうになったことがある。慧姿自身も嫌がったし、なにより万が一のことがあってはいけないと、その下宿を取りやめることになった。

張の父親に相談すると、「ちょうどうちの息子（忠信）が台南の大学に行っているので、部屋が空いている。そこに住んだらどうだろう」と言ってもらえたので、慧姿は張の家どころか、部屋に住むことになった。

長期の休みには慧姿は宜蘭に帰り、張は台北の家に帰る。家族同士でそんないきさつがあった張だった。

張は成功大学を卒業したのち、しばらくアメリカの会社に技師として勤めたことがある（昭和31年）。

しかし勉強の必要を感じ、昭和33年、東京大学の修士課程に入学した。この時、慈恵医大に留学していた父の知り合いが保証人を引き受けている。

その後、丹家健三の研究室に在籍しながら修士課程を修了、博士課程に進むが、この研究室との反りが合わなかったらしい。このころの東大の研究室にはキラ星の如く英才、秀才がひしめいていたから、その中で切磋琢磨するのは並大抵の苦労ではなかった。男性の張でさえ四苦八苦する中、なぜ女性の玉子が最後まで東大に居続けることが出来たのか。

彼女は自分が身障者であることが、皮肉にも仕事では強みになることに気づいたのだろう。修士課程で出した論文がそれを物語っている。

このとき、玉子が入院、リハビリしていた病院に、張が見舞いに訪れた写真が残っている。ベッドに横たわる玉子を取り囲む友人たちの中に、張がいた。また車いすに乗っておどけている張の姿もある。

玉子はのちに「人のやさしさも冷たさも、この足を通して知りました」と語っているが、プライベートだけではなく、仕事でも痛切にそれは感じたことだろう。

どうやって自分の居場所を作ったらいいか。そう考えた張は東大を離れ、昭和41年、吉村順三事務所に入る。

「建築にも流派というものがあるんです。ひとつはコルビジェを頂点とした流れで、この系統には安藤忠雄がいます。もう一つは芸大の吉村順三で、彼をたどるとフランク・ロイド・ライトやアントニン・レイモンドなどにたどり着く。親方は、吉村先生を選んだんです。ちなみに僕もその系統です」（高橋）

吉村順三は東京芸術大学卒の建築家で、アントニン・レイモンドに師事。またレイモンドに日本建築を紹介もしている。

代表作は奈良国立博物館、青山タワービル・タワーホール、八ヶ岳音楽堂、箱根ホテル小涌園、都立竹早高校早山荘セミナーハウス、皇居新宮殿基本設計など、多岐にわたる。

このうち青山のビルは素人の私でさえ好きなすっきりしたビルディングで、青山の街並みにとてもよく似合っている。

のちに東京大学名誉教授就任、数々の賞を受賞し、文化功労者（平成6年）、勲二等瑞宝章（平成9年）に表彰されている。

高橋は吉村のお迎え役だった。吉村の自宅に行こうとする高橋に、張はささやいた。

「お前、先生を迎えに行ったら『事務所に連絡するので電話を貸してください』と、言うんだぞ」と念を押す。

電話をするためには家に上がらなければならない。その時に、家の中を観察するように、というサジェスチョンである。軽井沢の別荘と並んで、吉村の邸宅も有名だった。それを観察できるのは、めったにない幸運だった。

この張と玉子がタッグを組んだ。ほとんどが福祉に関する施設である。永全も構造計算の専門家として加わった。

張の事務所では、玉子は製図を引くということはなく、もっぱらアドヴァイザーとしての仕事だった。永全は横峯設計事務所に籍を置いていたけれども、フリーの立場であちこちの仕事を引き受けることがあり、張の仕事もその一環だった。

張の仕事は日台両国にまたがる。

台北仁済院老人ホーム（昭和35年）、熱海総合病院玉川分院（昭和43年）、台北仁済院総合病院（昭和46〜51年）、浴風会病院（昭和48〜50年）、昭和会第一保育園（昭和53〜54年）等々。日本での仕事は全国に及んでいる。

昭和41年には台湾の私立中原理工大学の助教授就任。

仁済院病院は、張の父親の病院である。また浴風会病院では、松風園、大食堂、南陽園など、数度に分けて仕事があった。南陽園では、永全も構造計算に関わっている。

そしてこの浴風会の仕事で、張と玉子は「日本建築業協会優秀作品賞（B・C・S賞）を受賞する（昭和52年）。

社会福祉法人浴風会の歴史は古い。大正14年、関東大震災の2年後に杉並に3万坪の土地を擁して建てられた財団法人が前身だ。当時の管轄は内務省社会局だった。

全体計画は東京帝国大学総長を務めた内田祥三。弟子の岸田日出刀とともに、安田講堂の共同設計を行っている。

内田は、内田ゴシックというデザインパターンを確立、昭和47年に文化勲章を受章している。実設計は東大出身の土岐達人。

この当時の住居棟や医療施設はほとんど建て替えられている。玉子と張の仕事も、その建て替えの仕事だった。

点在する建物の間に、当時でさえ樹齢100年を越そうというけやきの木が数多く茂っていた。これらを生かすプランを立てたのだが、その木を保護する経費がばかにならない。

そのとき玉子は言った。

「老いた木を労われないようでは、お年寄りを労わることはできませんよ」

玉子の意見は通り、結果、その木々は今でも浴風会の敷地の中で、入院患者やケアに訪れる人々の癒しとなっている。

高井戸駅からバスで一駅、環八通り沿いの交番から細い道に入ると、閑静な住宅街が続く。延々と二階建ての一軒家が続くので、空は高い。しばらく歩くと左側にうっそうとした大きな木々が見えた。これが浴風会、とすぐにわかる。

小さな門から入ると、左手にこれまた小さな掲示があった。「黒光園跡」とある。この一隅に昭和30年から昭和54年まで有料ホーム黒光園があった。それは新宿中村屋の元社長、相馬愛蔵氏夫妻の寄付によって建設されたもの、とある。

中村屋の社長は篤志家で知られている。芸術家たちへの後援とともに、インドの革命家、ボースをかくまったことでも有名だ。令嬢がボースと結婚したことから、中村屋はインド式カレーを売り出している。その中村屋の社長が、有料老人ホームまで寄贈していたとは。

建物は病院を除いてほとんどが茶系のレンガタイプの壁面、ベランダが黒と統一されている。敷地内にはゆっくりと散歩できるような道が用意されているが、なるべく自然にみえるように木々や草花が生い茂っている。池のほとりでは車いすに乗った母親を見舞いに来たのだろうか、男性との2人連れがゆっくりとくつろいでいた。

敷地の隅には、亡くなった犬たちの小さな墓がいくつかあった。

玉子がこだわった大きなケヤキの木々は、今でも健在だった。時節柄中に入ることは遠慮したが、外から見るだけでも素晴らしい施設であることが十分に伝わった。

現在の浴風会は、病院のみならず、ケアハウス、グループホーム、老健、地域包括センター、保育園など様々な施設があり、杉並区の福祉の中心的存在となっている。

東京老人ホーム（平成2年、西東京市）を建てたときのことである。当時の日本の法律では、どんな重篤な患者であっても、4人部屋が標準である。そこをなんとか、1人部屋にならないかと、厚労省に打診しても、「規定は規定である」と門前払い、話にもならない。

そこで院長は裏技を使った。国が相手にならないなら、東京都と市のレベルで補助金を出すよう手はずを整えた。

仕掛け人が玉子であることは、言うまでもない。これがニュースステーションで大々的に報道されたために、国のメンツは丸つぶれ、それ以降の流れが「個人部屋」となったのだ。

まさに玉子の信念たるや、恐るべきものがある。入居者の「人間としての尊厳」を守る、それが第一だったのだ。

この病院には高橋も関わっている。当時の最新設備をふんだんに使った病院だった。

この施設も関東大震災をきっかけに生まれたものだった。被災者を収容するために、日本福音ルーテル教会が麻布市兵衛町（現在の港区）にバラックを建設、母子と老人と収容したことが始まりだった。この事業のためにアメリカや中国、インドなどの教会から援助を受けている。

当初は震災の被害が落ち着くまでという予定だったが、収容者からの要請、また東京都からも続けてほしいとの要望が出されたため、継続することとなった。昭和11年からは現在の西東京市に場所を移し、各種サービスを提供している。

張の事務所には、玉子の次女、悦子もアルバイトとして入所していた時期がある。それまでは家族ぐるみで付き合い、張が好きなテニスには、テニス部の部長だった文子もしょっちゅう付き合っていた。

その「張のおじさん」が、仕事となると、鬼と化していた。

「しょっちゅう怒鳴り声が聞こえてくるんです。とてもじゃないけど、聞いているほうがいたたまれないくらい、ひどい言い方をするんですよ」（悦子）

叱られていたのは、もっぱら高橋だった。張はいつも2人のチーフをおいていた。「助さん、格さん」で、自分は水戸黄門だと悦に入っていた。が、毎度毎度叱られるほうはたまったものではない。

張の仕事先は、一流のゼネコンが多かった。その人たちが打ち合わせで訪ねてくる。隣の部屋で高橋が怒鳴られているのを聞いているほうがいたたまれなかったらしい。

「高橋さん、よく我慢できますね」と、よく同情されていたという。

「玉子さんと永全さんが来ると、ほっとしましたね。ああ、普通の人が来たなあって」（高橋）

それでも、独立するためにはここで最低10年は頑張ろうと思い、内心では毎日「やめたい」と思いつつ、いつの間にか13年がたっていたというから、基本的に相性はよかったのだろう。

張は仕事は教えない。「見て覚えろ」方式で、しかも公私混同が甚だしい。

「あれを買ってこい」「今度の講演の原稿の下書きをしろ」

11時に張が出所すると、とたんに仕事ができなくなる。

まるで「プラダを着た悪魔」だ。この映画を見たとき、アメリカの一流企業でも、これほどひどい公私混同があるのかと驚いたが、張も負けずと劣らない。

「キムタクの『教場』ってドラマありますね、見たときに、親方にそっくりだってびっくりしましたよ（笑）」（高橋）

休みの日の午前中に電話がかかる。取ると張が、「いま（マンションの）下にいる」という。慌てて出ていくと、「今からここへ行け」と、運転を命じられる。

高橋はお酒が飲めなかったので、特に運転手を仰せつかることが多かった。夜10時過ぎて事務所に残っていると、また電話だ。今度は銀座で飲んでいるから家まで送れ、という。こんなことは日常茶飯事で、珍しくもなかった。

悦子の課題が間に合わない時には、事務所総出で手伝い、時間ギリギリにやっと提出できたということもあった。

玉子は張の事務所に来るとき、いつも車を運転してきていた。三軒茶屋の事務所の前に止めると、駐車違反に引っかかる。そこで高橋がカギを預かり、パトカーが回ってこない路地に車を止める。しかし最初に車を預かったとき、危うく大事故になりかけた。

「普通に車の運転をしようとしたんです。そしたら、おかしいんですよ。あれ？　と思った時には車は急発車していて、このままじゃぶつかる！と、サイドブレーキを引いて車を止めたんです」

止めた車の中でしばらく調べると、身障者用の車は、ブレーキとアクセルが逆になっていることがわかったのだ。

「玉子さんが一言言ってくれれば危ない目に合わずに済んだのにと思ったけど、ひょっとしたら知らなかったのかもしれないですね」

人も轢かず、どこにもぶつけず、無事に済んだときには、高橋は神の存在を信じたに違いない。

まことに八方破れ、はたで聞いていれば面白い話のオンパレードだが、当の高橋たちは親方に振り回されること甚だしかった。

新しく入ってきた女性には、「はじめのうちはどうせ何もできない。パースでも引かせていろ」と言い、彼女が図面を持っていくと「ここをやり直せ」という。直して持っていくと「今度はここ」という。その繰り返しにたまりかねた彼女が、「いつ終わるんですか」と尋ねると、張の答えは、「仕事に終わりはない！」。

高橋が仕事中の彼女を見ると、おかしな赤いエプロンを付けている。

「なんだ、あれ？」と同僚に聞くと、「言っちゃいけませんよ。あれ、親方が昨日行ったキャバレーの女の子が着けていたエプロンです」と、こっそり耳打ちされた。

彼女は次の日に辞めた。この女性は、「優秀だから」と玉子が紹介したのだ。

玉子が推薦したくらいだから、優秀なのは確かだっただろう。優秀だからこそ、プライドをへし折られて、「やってられないわ」と逃げ出したのだ。

この事務所のスタッフ回転率は速かった。早い人では数か月でやめている。繰り返すけれども、その中でよく高橋は13年ももったと思う。

私の父は現場の人だったから、気性が荒かった。現場から電話がかかってくると、よく怒鳴っていたのを覚えている。建築屋は怒鳴るのが商売だと思っていたほどだ。

だが設計事務所は紳士的でインテリだと思っていたから、張のやり方は意外だった。まして平成の時代である。

毎日必ず何かの事件が起きた。

「独立した時に、困ることがなかったですよ。たいがいのことは、信事務所で経験しているし」（高橋）

大変な日々だったけれども、その代わり、物事の本質を見抜く力を養えた、と高橋はいう。

「図面は引くな、ライフ（生活）をひけ」

「首から上をつけてこい」

一つの仕事に向かうとき、だれがキーパーソンになるか、何を中心に据えればいいか。

独立した時、この経験が大きく役に立った。

まさに張は「昭和の最後の仕事人」「職人」と言えるだろう。

高橋は、張が曼荼羅ノートを書いていたのを覚えている。今では「大谷ノート」として有名である。

「何歳はこうなる、何歳でこうすると、克明に描いてあるんです。それによれば、100歳まで生きるって、ありましたね」（高橋）

福祉施設という、何よりも細やかな神経が必要な建物を作ったのが、パワハラの権化というのも、面白い。本当は繊細な心を持ち、だれよりもプレッシャーを抱えている人だったのかもしれない。

玉子とは意見が食い違い、激しくやりあうこともあった。けれども根底にあったのは「信頼」である。

この2人の仕事によって、日本の福祉施設の状況は大きく進んだといっていい。まず障碍者でも、認知症の人でも、1人の人間としての尊厳を守る。その意識が日本に根付いたことは、何よりも画期的な出来事だった。

今でこそユニバーサルデザインは当然のことであり、ハウスメーカーのコマーシャルソングでも「ユニバーサルホーム♪」と歌われているけれども、その先駆者は玉子と張である。

林玉子と、張忠信。

お互いの力量を認めあった「盟友」。

それが張忠信だった。

## 神栖の家

5回に及ぶ引っ越しの末に終の棲家を決めたとはいえ、玉子たちは決して満足していたわけではなかった。賃貸住宅に住むことを繰り返し、最後はマンションだ。

他人の家をいくつも設計し、喜ばれているというのに、専門家の自分たちがお仕着せの家にしか住めないとは。そんな思いがあった。

あるとき、茨城県神栖町を通りかかった玉子は、思いがけず町の風景に見入ってしまった。目の前に見える鹿島の海は、太平洋であり、はるか向こうには故郷の台湾がある。

この空は台湾に繋がっているのだ、と思うと胸は高まった。空の向こうに両親の顔が見える。

早速永全と話し合い、その町の土地を手に入れることにした。土地を購入するにあたって、玉子と永全は入念にその周辺をリサーチしている。気候が温暖なこと、近くには病院があること。老健施設、老人ホームもある。図書館、郷土資料館などの公共施設も充実している。

終の棲家には、うってつけではないか！

しかしその後、2人とも仕事に追われ、紺屋の白袴よろしく、セカンドハウスを建てることは、後回しになっていた。何よりも資金の問題が大きかった。共稼ぎとはいえ、すでに都内に住まいがある。この上さらに納得できる家を建てるとなると、生半可なお金ではすまない。

何とかやりくりして、さて、と思ったとき、気が付いたのは台湾の両親の「老い」だった。そのころすでに父呈祥は、ほとんど視力を失っていた。万年青年と自負し、他人からも「若い」と言われていた呈祥。

玉子は何度も宜藍の家の建て替えを勧めていた。けれどもこの点に関しては、呈祥は頑なに受け入れようとしなかった。

80代後半ともなると、階段を踏み外したり、1・2センチの段差でも躓くことが増えてきた。なんとかしなければ。

玉子はやっと、家を建てる踏ん切りをつけた。今までの自分の研究のすべてを注ぎ込んだ家を作り、それを両親に見てもらうのだ。

そしてこの家を、老後定住のための家の、具体的なモデルとする！

勢い込んでプランを立て始めた玉子だったが、永全にも彼の持論がある。専門分野は違っても、お互い一流の建築家だ。それぞれに言い分がある。

お互い一歩も引かず激しい口論になったこともあったが、最終的に折れるのはいつも永全だった。いくら永全ががんばっても、介護の専門家の玉子にはかなわない。玉子には自分の信念を押し通すだけの自信と強さがあった。そしてそれを受け入れる度量の広さが、永全にはあったのだ。

何度も現場に足を運び、周囲の状況を見る。

これは想像以上に楽しい作業だった。老いを迎える家、というとなにか辛気臭いような気持になると思っていたが、「ああして、こうして」と様々な工夫を考えているうちに、「早くこの家に住んでみたい！」とわくわくしてきたのだ。

「施主の立場を経験する」ということも、玉子と永全にとっては新鮮な経験だった。

玉子がプランナー、張忠信が設計者という役割分担ができた。さらに設計図が上がって来てから吟味を重ね、最終設計図ができたのは半年後だった。

楽しいとはいえ、忙しい仕事の合間を縫っての打ち合わせ、こまごまとしたチェック。さすがの玉子も、「もうどうでもいい、お任せするから勝手にやって！」と投げ出したくなるほどだった。

「老いを迎えてから家を建てるのでは遅い、早くから用意して」というのが玉子の持論だが、言っている本人が「なるほど50代までがせいぜい、そのあとでは耐えられなくなるかもしれない」と実感した。

出来上がった設計図は施工図も含めて、広げた新聞紙サイズで30枚。重厚なものだった。

玉子は地元の工務店に見積もりを依頼した。大手に依頼しても、のちのち手直しや修理が必要になった場合、遠くから来てもらうわけにはいかない。工務店とは長い付き合いになるから、地元のほうがいいという選択だった。

神栖の家

苦心しただけあって、神栖の家は居心地のいい、友人たちにも評判のいい住まいになった。

家の完成披露には、玉子の仕事仲間や友人たちを招待した。台湾から来た両親も交えてのバーベキューパーティーが開かれた。

ワイワイと騒ぎ、皆が楽しんでいる様子を、両親は嬉しげに見守っていた。元外国人の娘一家がたくさんの日本の友人たちに囲まれている。石満と呈祥にとって、何よりもうれしいことだった。

呈祥はすでに目が見えず、足元がおぼつかなくなっていたが、「この家では杖を突かずに歩くことができるよ」と、喜んだ。

玉子の面目躍如である。

「お前が言うとおりだった、台湾の家ももっと早くにリフォームしておけばよかった」

そう言いつつも、父は神栖での日々を楽しんでいた。

神栖の家には、細部にわたって高齢者がすごしやすいような工夫が凝らされていた。手すりや座って調理できるキッチン、寝たきりになったときにベッドからお風呂まで自力で行けるリフター。

最後の最後まで、自力で生きていこう。そんな玉子の強い意志が感じられる家だった。

研修や視察で日本を訪れる海外の友人たちも、神栖に呼ぶ。玉子ご自慢の南に面した開放的なお風呂で汗を流したあとは、ホームパーティーだ。

おしゃべりしながら玉子が作る手料理を楽しみ、そのあとはミニコンサートが始まる。

永全の姉のピアノと永全のバイオリンでの合奏や、次女悦子が夢中になっている二胡の演奏で、お客をもてなす。

永全は仕事の付き合いをプライベートに持ち込むことはしなかった。玉子が連れてくる友人たちが、永全の友人ともなったのだ。

40歳を過ぎてから免許を取った玉子は、隔週末、車を飛ばして神栖に家に行くのが、何よりの楽しみになった。

それまでは何をするにも永全の運転で連れて行ってもらっていた。しかし永全も人一倍忙しい身体だ。玉子が思うように動けない時もあった。なかなか連絡が取れない時もある。それを永全のせいにするには酷な話だった。

神栖の家でホームパーティー

免許を取ってからの玉子は、まさに水を得た魚だった。

「これで行きたいときに、行きたいところへ行ける！」

私は「自由」を手に入れたのだ！

神栖の家に通いながら、玉子は自分が思うことを次々と実現させていった。

大きな庭も、園芸療法というリハビリテーションの場になる。五感をフルに使って楽しめるよう、水や草花を使った体験療法の場があると思えば、ホームパーテイ用のかまどやハーブガーデンもある。

それぞれのコーナーには「花の食卓」、「ビオトーブの池」「緑の小径」「水の回廊」と名付けた。

こういう工夫も盛り込みたい、ああもしてみたい。

いずれは地域のコミュニティーの場として、開かれた空間に、と、玉子の夢は膨らむ。その庭の一部に、永全は畑を作った。

「いまご近所で野菜をもらったよ」、永全が野菜を抱えて帰ってくる。

「林さん、魚が一杯取れたから、後でさばいて持っていくね」

ご近所からはよく声がかかる。あっという間に永全には釣り仲間、農作業仲間ができた。大きな麦わら帽子をかぶり、長靴を履いてバケツをぶら下げた永全の姿は、とても最高学府卒業の工学博士には見えなかった。

昭和63年、玉子は東京都老人総合研究所人間科学リハビリテーション研究系生活部門・研究部長（専門参事）となる。

平成13年、神栖の家はNHKでも取り上げられ、1時間番組となって全国放送された。町永敏雄アナウンサーが神栖の家を訪れ、玉子が家のなかを案内する。永全は玉子のそばにぴったりとついて、かいがいしくアシスタントを務めていた。

NHKは台湾で絶大な信頼を持つ放送局である。そのNHKで特集番組が放送されたことは、玉子にとっても永全にとっても、誇らしいことだった。台湾の親戚たちにとっては、いうまでもない。日本で成功したふたりは、一族にとっての誉れだった。

玉子は宜藍の小学校の「名誉卒業生」となった。激しいいじめにあい、いい思い出がない小学校だが、これも歴史の皮肉というべきか。玉子は苦笑いしながら受け入れたに違いない。

玉子の名前は日本のみならず、韓国など海外にも知れ渡った。論文やハウスメーカーの顧問、アドバイザー、講演会など、仕事の内容はどんどん増えていった。身体がいくつあっても足りない。

定年前の一時期、玉子は一般向けの本も出版している。中でも「長生きは家づくりから」（TOTO出版・平成4年）は7年間で11刷を記録するロングセラーになった。

学会に提出する論文を書き、合間に講演、企業のアドバイザー、さらには雑誌やテレビの仕事にも引っ張りだこ。まさに八面六臂の大活躍だった。

忙しい合間を縫って、台湾華僑の集まりには、夫婦そろって欠かさず顔を出す。

「玉子さんはあまり長話するようではなかったですね。お忙しいから、いつもすぐにお帰りになる」（林銀）

それでも同胞と過ごす時間は、玉子にとって大切なものだった。母国語で話すこともできるし、気を使わなくてもいい、共通の思い出がある大切な仲間たち。

多忙な毎日を送る玉子の何よりの楽しみは、仕事で疲れた身体を神栖の家の大きなお風呂で癒すことだった。玉子はお風呂大好き人間だったのである。大きな湯船にたっぷりのお湯を満たし、身体を伸ばして目を閉じる。

大きな窓から入る豊かな日差し、したたる緑。そのひとときが、玉子の明日への活力となっていた。

# 第三章　躍動する日台の建築界

## 日台建築界の巨人、郭茂林

林玉子、永全夫妻と公私ともに親しく付き合っていた台湾人建築家の中に、郭茂林がいる。彼が日本に渡ったのは昭和15年。終戦も日本で迎えている。林夫妻にとっては、大いに頼りになる大先輩だった。

そしてこの郭茂林こそが、戦後の日本の建築界を大きく変えた人物と言っていい。まさしく「巨人」の名にふさわしい人物なのである。

郭茂林は大正10年、台湾は台北の大稲埕永楽町（現在の迪化街）で生まれた。姉2人、兄4人の兄弟の末っ子である。

この街は現在も日本人観光客に大人気であり、大変にぎやかな場所だ。そこで郭は育った。生粋の街っ子である。

日清戦争で台湾が日本に割譲されたのが明治28年。日本の統治下になってからすでに26年がたっていた。日本政府は台湾のインフラ整備に全力を注ぐ。南方への前進基地、内地への物資補給基地という両面から見て、台湾は最重要の位置づけであった。

郭が生まれたとき、すでに台北市内では水道が通り、電気も供給されていた。まさに内地並みの整備ぶりである。

日本政府の気合の入れようがわかるというものだ。

台湾はもともと風土病、伝染病が多い島である。明治7年に明治政府が台湾出兵を行った時の戦死者8名、戦傷者25名とは報告されているものの、実際はマラリアなどの感染症で倒れる兵士、軍属が多かった。

およそ6000人の兵士、軍属の延べ患者数は1万6409人。つまり1人当たりおよそ2・7回は何らかの伝染病に感染したということだ。これは悲惨な状況である。戦うどころの話ではない。

台北、台南という都会でさえ、共同便所があるのみ。糞尿の処理は全くできていなかった。排水溝は汚水であふれ、町中には悪臭が漂う。

東京大学建築系助手時代の郭茂林

水の利権は一部の特権階級のものだったため、一般大衆は雨水をためるか、汚れた川の水を使うしかない状態だった。家族が亡くなれば、住んでいる家の床下に遺体を葬るというありさまだった。この状況を変えたのが，後藤新平である。

郭が生まれた当時の台湾の人口は約366万人、台北には約16万人が住んでいた。

当時有名な建築物は大千百貨店、第一劇場、慈聖堂、大安医院（蔣渭水）、文化書局（蔣渭水）、雅堂書局（連横）、大稲埕公学校（現太平小学校および永楽小学校）である。

ここに名前が出てくる「蔣渭水」は医師であるが、有名な民族運動家で、抗日運動家でもある。

郭は太平小学校に入学。「国語」（日本語）の授業が始まる。

担任の教師、山田博から「日本植民地の台湾人は、一つの技術を身につけておけば必ず将来役に立つ」と言われ、絵が得意だった郭は、建築の道を志ざす。

台北工業学校（通称北工、現・台北科技大学）の入試を受けた郭だったが、1年目は失敗する。北工の入試合格者は、日本人4、5人に1人、台湾人は50～60人に1人という、台湾人にとって、かなり狭き門だった。

2年目には猛勉強の甲斐あって、見事難関を突破。晴れて北工の学生となる。

北工の学級制度は3年制の専修科、および5年制の専科の2種類だった。1年は3学期、4月1日が学年の始まりだった。一クラス均40名、台湾人は5～8名程度。学費は楽器毎で平均10～15円というから、1年で30～45円である。

郭が入学したのは5年生建築科である。

北工5年制本科生の共同科目は、国語、数学、歴史、地理、法制経済、製図、実習などの学科のほか、教練、武道などの多岐にわたる。そのほか建築本科課程は日構、西洋構、応力、自在画、様式、計画、力学、設備、鉄筋、鉄鋼津、施工、法規などがあった。

これだけの授業科目である、郭は徹夜で製図することも珍しくはなかった。製図能力が極めて高く、各科目の成績はきわめて優秀。

単なるがり勉ではなく、運動能力が非常に高く、陸上競技、剣道に優れた能力を発揮した。陸上では当時五輪選手だった南部忠平が北工を訪問、学生たちに三段跳びの技術を伝達している。

毎年12月25日から1週間は剣道の寒中訓練である。全校生徒が参加し、毎日30分、剣道および柔道の格技の稽古があった。

郭は毎朝6時に起き、剣道着のまま自転車で学校に通ったが、台湾とは言え真冬、その時の寒さは、終生忘れられなかったという。

北工では学生たちが卒業生修学旅行として、内地、つまり日本へ旅行することになっていた。もともと校外見学や研修を重んじる学校ではあったが、これも学生たちの見聞を広める目的であろう。

昭和12年の日程は、参加者１２０人、28日で、旅費60円。13年には参加者１３１人、18日の旅程で旅費96円。

参加者は台北駅集合、汽車で基隆に行き、船に乗る。当時、基隆から九州まで３日間かかった。

その後東京、大阪、京都、奈良、神戸を回り、観光地だけではなく、工場なども見学した。

3年後には太平洋戦争が勃発したため、中止となった。

台湾の鉄道は、明治41年、長谷川謹介が基隆から高雄までの鉄道を増設。続いて台東線、宜蘭線も開通。続いて産業用の鉄道も続々と整備された。

飛行機では昭和6年、初めて日本航空が内地と台湾ラインの試乗航空を行う。東京から福岡、沖縄を経由して台北までは、約16時間半を要した。こののち昭和10年、つまり永全が生まれた年に、内台の正式航空ラインが開通した。

昭和15年、郭は北工卒業。恩師の千々岩助太郎の推薦を受けて、日本へと渡った。

「台湾にいては、きみはいつまでも二級市民として扱われる。その才能がもったいない。日本内地なら、差別はない。だから君は内地にこそ、行くべきだ」

その恩師の言葉が、郭の背中を押した。出発のとき、母親は「泣くのが嫌だから」と港まで見送りに来ることはなかった。

母親にとって、末っ子はいつまでも末っ子。台湾ならともかく、見も知らぬ日本に送り出すことは、不安でしかなかったのだろう。

郭は日本で鉄道省に就職した。そののち台湾に里帰り中に乗っていた船が、米軍の潜水艦に攻撃され、魚雷が命中した。海に落ちた郭は幸いにも救助されたが、以後、右の耳の聴力に支障をきたすようになった。

よく「日本から台湾に渡った八田與一」と「台湾から日本へ渡った郭茂林」と並び称されるが、同じく潜水艦の攻撃を受けたのも因果を感じさせる話だ。

さて、日本に渡った郭は、日本鉄道省に就職した。上司の柴田四郎は、郭が優秀なことに目をつけ、このまま鉄道省に置いておくのはもったいないと考えた。そして東大の同級生、岸田日出刀に郭を推薦する。

しかしこの時の岸田の答えは、「いま助手は間に合っている」との、断りだった。どのようにしたら岸田の研究室に入れるだろうか。郭は知恵を絞った。と同時に、岸田の好みを調べることにした。

その結果、岸田は毛筆の手紙を好む、ということがわかった。郭は毛筆で書いた手紙を岸田に送った。こうしてめでたく郭は、岸田門下の学生となったのである。

このエピソードは郭という人物をよく表している。人と付き合うとき、まず相手の好みを察知するリサーチ力と勘の良さ、相手に合わせるようにしながら自分の土俵へと持っていく巧みさ。

これが郭の本質であり、終生変わらない強みでもあった。私にはなんとなく陳忠信と同じ「策士」の匂いがするような気がする。しかもそれを相手に気取らせないやわらかさも共通している。

岸田日出刀は、大正11年東京帝国大学卒業、その前年には安田講堂の設計に参与している。昭和4年に東大教授に就任。昭和22年には日本建築学会会長に就任している。

門下生には前川国男、丹下健三、谷口吉郎。

岸田の研究所に入り、建築家としての新たな勉強をスタートさせた郭だったが、昭和20年、終戦となると、大きな問題にぶつかることになる。

国籍の問題だ。東大の教職員は全員公務員であり、日本人しか認められなかった。この規定のために、同じく台湾人の作家、陳舜臣は大学の教員の資格を失っている。

郭の帰化に関しては、東大関係者の奔走があった。もちろん郭の才能を惜しんでのことだ。東大総長の内田祥三は、日本国籍に帰化するよう、郭に指示を出す。郭は名字を変えない条件で、日本国籍に帰化した。

当時、台湾人が日本に帰化するときには、世話になった恩人の姓をもらうのが一般的だった。それをせず、あえて台湾名にこだわったところに、郭の台湾人としての矜持を感じる。

当時の東大の建築科には、大きな仕事が続々と舞い込んでいた。そもそも建築は、仕事の規模が大きいだけに、時の政財界との結びつきは強い。そして動く金も桁違いだ。

岸田のもとを訪れるのも大物が多かったが、なかにはおこぼれ頂戴の小ものも紛れてくる。

「岸田先生を訪ねてくる各界の著名人、その人たちを先生がどう扱うか、つぶさに見てきました。これは実に貴重な体験でした。この人は、本物か、偽物か。岸田先生からは本物を

左から岸田日出刀、郭茂林、前川国男

見極める目を学びました」と、郭は後年語っている。

岸田は「とにかく私の周りをうろうろとしていればいい、その間に何かを感じ取ればなおよい」と言い、建築の知識は吉武泰水から学ぶようにと指示をした。

以来19年の間、郭は吉武研究室でものびのびと仕事をさせてもらうことが出来た。

今残っている岸田の写真を見ると、サングラスをかけた、いかにも「ダンディーなおじさま」である。この洒脱さでは、さぞ銀座で持てたことだろう。

愛用のクラブと一緒の写真もある。岸田はゴルフが好きだった。その影響で、郭もゴルフ好きになった。腕前はシングルである。

のちに郭は、いくつものゴルフクラブハウスを設計している。クラブハウスの動線や機能について熟知している郭は、クラブハウスの設計となると、だれにも渡さなかった。

柏ゴルフクラブハウスは、建設省エネルギー賞を受賞している（のちに都市計画によってゴルフ場は廃止、クラブハウスは解体されている）。

郭が結婚したのは日本女性である。知り合いの大学教授が行うパーティで知り合ったことがきっかけだった。郭は愛妻家で知られている。どこに行くにも夫人の運転だった。

息子の純は、東京芸術大学、東京大学という難関大学2校を卒業する秀才に育っている。

吉武の下で仕事をしていた郭が、吉武研究室にいた玉子（当時は陳慧玉）と知り合いになるのは当然の成り行きだった。そして永全とも。

郭の仕事すべてにおいて、永全は専門の「構造計算」でかかわっていくことになる。

## 超高層ビルのあけぼの

現在、東京の街では、あちらこちらで再開発が行われている。虎ノ門、渋谷、そして日本橋。当たり前のようにそびえたつ超高層ビル群だが、地震国日本で超高層を建てて大丈夫なのか？

もはやそのような疑問を持つ人さえいないほど、超高層ビルは日本にとって当たり前の存在だ。

だが昭和40年、霞が関ビルが竣工されるまで、日本に超高層ビルはなかった。大正12年の関東大震災の傷跡は、あまりに深く人々の記憶に刻み込まれていた。それ以降、日本の建築物には高さ31メートル以下でなければならないという規定ができたのだ。

だが、戦後の目覚ましい経済発展とともに、この規定が足かせになっていることに気づいた人物がいる。三井不動産社長の江戸英雄だ。

建物の容積率が取れないことから、東京都心の街並みはきわめて過密になり、道路の幅も十分に取れない状況だった。

これでは今後の日本の発展は望めない。

「アメリカはなぜあれほどまでに発展しているのか」と考え分析した結果、魅力的な都市の力が大きいという結論に達する。

「国土の小さい日本こそ、都市化、高層化が必要なのではないか」

そう考えた江戸は高層ビルの建設を考え始める。それに賛同したのが、鹿島建設の鹿島守之助である。

江戸と鹿島は、すでに「日比谷三井ビルディング」（昭和35年、現在は日比谷ミッドタウン）でともに仕事をしていた。

日比谷の土地は、江戸城ができるまでは入江だったという軟弱な地盤だった。難しい工事を鹿島は「ぜひに」と引き受け、成功させたのである。

このころ東京大学教授、武藤清が柔構造理論を打ち立てていた。東大の研究室で、吉武を叱咤激励していた武藤清、その人である。

江戸はその考えに共鳴し、「柔構造研究会」を作る。これに鹿島守之助も参加し、武藤は鹿島建設の副社長に迎えられた。

こうして超高層ビルの実現に向けて、プロジェクトが動き始めた。

東京にびっしりと立ち並んだビル群や集中する人々を見るにつけ、彼らにはこのままでは東京にまた震災が起きたとき、関東大震災以上に被害が出てしまう、という危機感が強くあった。

武藤が着目したのは、「五重の塔」である。関東大震災でさまざまな建物が倒壊する中、浅草の五重の塔だけが無事に建っていた。浅草だけではない、谷中天王寺の五重の塔も。一番高い京都東寺は、56メートルもある。

悠久の歴史の中、日本の建築物である五重の塔はさまざまな天変地異にさらされつつ、生き残っているのだ。

不思議に思った武藤は、五重の塔を調べる。

そして、五重の塔は心柱という真ん中の柱を中心とした柱や梁材の組み合わせや五重に重なる屋根や壁の細かい、しかも数多くの材木の組み合わせによって、地震の破壊力が上に届くまでにほうぼうで力を吸収させてしまう、さらには元に戻るように、うまく釣り合いが取れるように作ってあることに気づく。

関東大震災後、日本の建築物の研究は急ピッチで進められてきた。これらは地震の力を強い力で踏ん張って支える「剛構造」の研究であって、武藤のような地震の力をしなやかに受け流す柔構造の研究はここからである。

そして、われらが郭茂林の出番となる。郭は東大の研究室で20年、岸田日出刀、吉武泰水の下で研鑽を積んでいた。

日比谷三井ビルの設計時である。ずんぐりした土地形をどう生かしたらいいいか。困り果てた鹿島建設の副社長、今井茂（当時）が東大同期の吉武に相談をした。

吉武から案を作るように指示された郭がスケッチを作る。そのプランを気に入ったのが、三井不動産の中井武彦（三井不動産労組初代委員長）だった。

その後、中井が郭に依頼したのは日本橋にある三井第三別館である。31メートルの高さ制限がある中、郭は天井高を工夫して通常なら9階建てになるところを10階建てにした。

1階部分の3分の1をオープンスペースとし、車の乗り入れを可能にしたのだ。これは当時としては画期的なことであり、車社会の到来を予見した郭の、先見の明と言える。

この仕事により、郭は三井不動産から建築顧問として迎えられることになる。昭和35年のことだ。

話は前後するが、三井日比谷ビルディングが竣工する1年前、昭和34年秋ころである。江戸は東京倶楽部の向井忠晴会長（元三井総元方理事長）から、クラブビル（敷地2000坪）の建て替えの協力を持ち掛けられた。

立地もいい。共同ビルを建設することで合意したが、着工直前に景気が悪くなり、1年繰り延べをすることとなった。その間に東京倶楽部の有力メンバー、寺島宗従から隣接する霞会（敷地約3000坪）からも共同開発を希望している旨の一報が入る。

東京倶楽部は明治17年創設された日本の社交クラブの草分け的存在である。入会条件は「紳士であること」と言われ、旧華族、皇族、政財官界の大物が顔をそろえていた。名誉総裁は常陸宮殿下である。

霞会は旧皇族からなる親睦団体である。約650家、740名が参加。当主や後継者が女性の場合は会員資格がないため、華族制度廃止直後の890家からはだいぶ減っているが、それでも大きな組織である。

やんごとない立地ではあるが、日本最初の超高層ビルが建つに、これ以上の土地はないと思えた。

これで東京倶楽部、霞会の敷地を合わせると5000坪という、全体未聞の大プロジェクトが発足した。だが従来の高さ31メートルで考えると、敷地いっぱいの平面的なビルになってしまう。長い廊下、採光の問題も出て、第一見た目が非常に悪い。

これは江戸の「魅力的な都市づくり」の観点から大きく外れることになる。

一時16階建てのビルを作ることも検討されたが、「これではだめだ」と、江戸英雄が河野建設大臣に直談判に赴く。

「このままでは日本はだめになる」とのこんこんとした説得に、河野大臣の心も動かされた。昭和37年、河野大臣の諮問に対し、日本建築学会が高さ制限を撤廃し、代わりに容積率制限を導入すべきという答申を提出。

改正に尽力したのは日本建築学会だが、郭自身も足しげく建設省や東京都に赴き、交渉を重ねている。役所ではもちろん、岸田・吉武らの東大ネットワークが大いに力になった。

これより以前、郭と江戸が軽井沢からのゴルフ帰り、一緒の車に乗り合わせたことがあった。東京までの一時間半、郭は東京の将来について熱弁をふるい、江戸も「まったくその通りだ」と意気投合したという。

一つの大きなプロジェクトが動き出すまでには、これだけの準備が必要だった。

ビル設計委員会は武藤清、高山英華、吉武泰水らも参加。設計は山下寿郎設計事務所、施主である三井不動産と鹿島建設（のちに三井建設も参加）の2社が設計から施工までの協力体制を作り上げた。

そしていよいよ昭和40年、3月18日に起工された。命名は「霞が関ビル」。日本で初めての超高層ビルの建築がスタートした。

## オールジャパンで

「40年前に本社ビルを建てたときには、大工、左官に至るまでアメリカから連れてきた。今回はすべて国産だな」

映画「超高層のあけぼの」で、松本白鸚演じる江戸英雄がそうつぶやくと、後を引き取った鹿島の現場所長が「資材、人間に至るまで純国産です」という。

その純国産の頂点に立ち、総まとめをしたのが元台湾人の郭茂林というのは、歴史の皮肉というべきか。もちろん構造計算には永全も関わっている。

三井財閥の本拠地として建てられた三井本館（明治35年）は、関東大震災のあとにアメリカのトローブリッジ・アンドリヴィングストン事務所に設計、ジェームズ・スチュアート社に施工を依頼。昭和4年に竣工している。

江戸が言ったのは、その時のことだ。戦後の日本を立て直してきた江戸と鹿島にとっては、「技術も資材も人材も、日本で！」というのは悲願だった。霞が関ビルは、それをやり遂げたのだ。

超高層ビルにとっての敵は、地震だけではない。台風や火事などの災害も考慮に入れなければならない。さまざまな実験と研究を重ねて、そこもクリアーできた。

霞が関ビルの工法として、今までと全く違うのは、あらかじめ加工工場である程度の作業をしてしまうということだ。現場でする作業はできるだけ少なくする。誰もが経験したことがない36階という高さで作業をするので、できるだけ作業も作業時間も短縮、単純化したほうがいい。そしてこれが、工期を早めることにも役立つという、一石二鳥だった。

建築現場だけではない、さまざまな分野で新しい材料、方法を開発することが必要である。関係する業種は多岐に渡った。

鉄鋼ではH鋼の開発。インドネシアのジャカルタで、スサンタラ会館という29階のビルを鹿島建設が施工することになった。これにH型製鋼を使い、大成功を収めた。これにより、H型製鋼の研究はいよいよ深まり、霞が関ビルにも使用することが決まった。

コンクリート打ちではデッキプレートを採用、これで従来の方法だと125人の作業員が必要なところを69人まで縮小できた。コンクリートも砂利の代わりにメサライトを使い、圧倒的にビルの目方を軽くすることに成功。

高速エレベーター、ガラス、カーテンウオールの開発。カーテンウオールはカーテンのように軽くて、しかも地震や風に壊されない壁のことを言う。

火事に供えて煙探知機、スプリンクラーの設置。今では当たり前の設備だが、本格的に導入されたのは霞が関ビルが最初である。

火事で一番心配なのは煙に巻かれることだが、階段室に逃げ込めば最上階に取り付けられているファンが回り、煙を外に出すような仕組みになっている。地下には千トンの水を用意、万が一に備えてある。

逃げるのに最後に役立つのは階段だ。ニューヨークで起きた911の事件の時、知人がそのビルに居合わせたのだが、階段を駆け下りて逃げて助かったという。

霞が関ビルにはもちろん、避難用の階段も設置されている。二重三重に、火事の備えもできているのだ。

昭和50年に日本公開になったアメリカ映画「タワリングインフェルノ」を見たお客さんから父に、「超高層はこわい、大丈夫なのか」という問い合わせがあった。映画を見た父は、「設定がいい加減だ。あんな事故なんて現実に起こるわけがない」とかんかんに怒っていた。

高橋雅志（高橋設計事務所）によれば、「要するにあれは手抜き工事が原因ですよ」とのことで、技術に誇りを持っている日本の技術者たちが見れば、怒るのは当然である。

映画「超高層のあけぼの」の中では、クレーンを操縦する田村正和が印象に残る役だった。都会的な二枚目の印象が強い田村が、現場のクレーン操縦士というキャスティングが意外である。

このクレーンも特別に開発されたものだ。従来のクレーンはいちいち上に上げなければ作業できないが、タワークレーンは自分で上がる構造になっている。工期短縮のためには欠かせない存在だ。

映画の中では台風が来た時、現場の職員が全員避難する中で、クレーンの中の田村だけが取り残される場面がある。このロケは本当に恐ろしく、田村はクレーンの中で、素で縮みあがっていたそうだ。

外では心配する所長を演じる池辺良が、電話を通して田村を励ます。実は当初のキャスティングでは、鹿島守之助は山村総、所長は田村高広の予定だった。ところがアメリカ映画「トラトラトラ！」の撮影と被ってしまい、やむなく降板したという。もし実現すれば、兄の高広が弟の正和を励ますという、観客にとっては二重においしい場面になったことだろう。

田村はこの翌年、「冬の旅」というドラマで、繊細な都会的青年としての人気を不動のものにしている。

このほかにも所長夫人が新珠三千代、課長役の木村功の夫人が佐久間良子、一度しか出てこない武藤清の兄役に平幹二朗など、豪華な顔触れである。

素人の私が見ても、鹿島びいきは目に余ると思うが、それでもどうしても作りたかった理由がある。

映画「黒部の太陽」を見た鹿島守之助が、「ぜひわが社の仕事も映画化したい」と考えて制作に踏み切ったのだ。

「黒部の太陽」は木本正次原作の小説の映画化だ。当時大人気の石原裕次郎を主役に据え、大ヒット。三船敏郎をはじめとした豪華な配役も話題になった。企業タイアップ映画の走りである。

私は長いこと、黒部ダム建設を描いた映画と思い込んでいたが、ダム建設のための道路を引く仕事を描いたものだったのだ。土木の仕事は、本当に規模が大きい。

関連した会社も、熊谷組、間組、佐藤工業など多岐に渡る。

実はこの2つの映画に負けじと、大成建設も「富士山頂」という映画を作っている。主演はやはり石原裕次郎で、石原プロモーション初の制作映画である。

大型台風の被害を軽減させるため、富士山頂にレーダーを設置するという、新田次郎原作の小説の映画化だ。

標高の高い場所での作業のため、次々に作業員が倒れてしまう。見かねた馬方の勝新太郎が復員兵の知り合いをかき集めて連れてくる。

「おめえら、逃げ出したら承知しねえぞ！」と脅かして作業に就かせる場面が一番印象に残っている。

このほかにも日産自動車とタイアップした「栄光への5000キロ」なども作られている。

ただどう見ても「黒部の太陽」が秀逸と思うのは、話のスケールの大きさだけではなく、時代の変革を明確に描いているという点だろう。

現場の土方を差配する子会社の社長の父親（辰巳柳太郎）と、大学出の社員の息子（石原裕次郎）

が激しく対立する。

「土方なんざ何人死んでもいいんだ」と、無理な作業を強要しようとする父親と、「お父さん、いまはもうそんな時代じゃないんだ。土方だって人間だ。無理な作業をさせてはいけないんだ」という息子。

「大学なんぞ出すんじゃなかった」とぼやく社長だが、明らかに息子を誇りに思っていることが伝わる。世代交代、価値観の違いをはっきりと打ち出したエピソードだ。

これらの映画の製作は、単なる自社のアピールだけではなく、敗戦から立ち上がり、何もないところから日本はここまできたのだ、という強い誇りと自信に裏打ちされたことの証左といえよう。

ちなみに「超高層のあけぼの」には、郭茂林という人物は出てこない。「オールジャパンで」と江戸英雄に言わせた手前、台湾人建築家は出せなかったのだろう。またこの映画は鹿島建設から見た「霞が関ビル建設」であり、郭は三井不動産側の人間だから、という理由でもあったのかもしれない。映画の中では江戸英雄が本人と郭を合体させたキャラクターになっている。

なお霞が関ビルの建築過程は記録映画としても残っている。これは鹿島建設の子会社、カジマビジョンという映画会社が制作したもので、記録のみならず建築科の学生たちの教材としても提供されていた。

話を霞が関ビルに戻そう。

建設委員会だけで150人にも上る人数だ。このまとめ役として活躍したのが、郭だった。

「日本人は、俺が俺がで、自分の意見と違うと真っ向からけんかをするわけですよ。どちらも引かないから収拾がつかなくなる。そんな時、郭さんがいるといつもうまくまとまるんですよね」

イメージがつかめない人は、野球のWBCを思い浮かべればいい。全員が4番打者、一流の選手ばかりで、もちろんだれもが自分が一番と思っている。

だが野球は一人でできるわけではない。それぞれが役割を理解して、自分の持ち場を守ることが勝利につながる。そのチームプレーを円滑に行う人物が必ず必要なのだ。

たとえるなら、郭は栗山監督である。ひとりひとりのエンジニアを尊重しつつ、適材適所に配置し、その力を引き出していくのが、郭の役割だった。

映画「超高層のあけぼの」では、教授退官ののち鹿島の副社長として呼ばれた武藤（映画では古川教授）が、会議室に入ろうとして教え子に呼び止められる。

教え子とは、いうまでもなく東大出身だ。部屋にはいると、次々に社員からあいさつされる。「先生、お久しぶりでした」。

つまり鹿島の設計部自体が、東大の研究室をそっくりそのまま移してきたようなものだったのだ。石を投げれば国立大卒に当たる、どころか、石を投げれば東大卒に当たる、という世界だ。

これだけでも驚くが、建設委員会となると、それ以上の人材がひしめいていたことになる。そんな連中を取りまとめるのは、並大抵のことではない。

次に施工した世界貿易センタービルでは、予算超過問題で行き詰った時点で郭が呼ばれ、各方面の調整役を務めた。超過をゼロにしたうえ、38階建ての計画を40階にするという離れわざをしてのけた。

郭のような存在は、今までの建設業界ではいなかった。何と呼んだらいいのか。

建設史学者の松村貞次郎は、郭を「怪物、黒幕、プランナー、プロデューサー」と呼んだ。世界貿易センタービルでは「コンダクター」と呼ばれた。

郭茂林、40歳。まさに脂の乗り切った仕事師だった。

映画「超高層のあけぼの」で描くのは、トップクラスのエリートばかりではない。現場で活躍するとび職、それを支える食堂のおばちゃん。

正月休みには、給金を懐に雪深い田舎に帰るおとっつあん（伴順三郎）もいる。

そんな人たちが現場を支え、霞が関ビルを立ち上げたのだ。現場はまさにその時の「日本」の縮図そのものだった。

それは明日の日本を信じて、つましくもまじめに努力を重ねていた庶民の姿である。

エリートたちだけで仕事ができるわけではない、現場で働くとびや食堂でご飯を作るおばちゃんたちも、その一員なのだ。

霞が関ビルは建設途中で、昭和40年不況をもろにかぶり、資金難に見舞われた。さまざまな金融策が浮かび上がっては流れてしまった。困り果てた江戸英雄が旧知の第一生命の副社長村上健次を頼り、窮状を訴えた。

村上は他の生保会社にも声をかけると約束をし、75億円の資金をかきあつめてくれた。さらに銀行の融資もあり、計100億円を確保することが出来た。

テナント探しも難航した。やはり「地震の時に危険なのでは」という危惧は根強かった。このため江戸がテナント探しに駆けずり回ることになる。安全性をPRした映画を見てもらうなど啓もう活動に努め、なんとか満室にこぎつけることができた。

棟上げ式は昭和42年4月18日。神主の祝詞が終わり、とび頭が歌い始める。後ろに並んだそろいの法被を着たとびたちも唱和する。

三井不動産の江戸がベルを押すと、「霞が関ビル、147メートル」と書かれた、白い布に覆われた最後の梁が上がり始めた。

梁には日の丸とくす玉が結び付けられ、ベートーベンの第九交響曲とともに、しずしずと持ち上げられていく。

13階に達した時、大きなくす玉がぱっと割れ、中から五色の紙吹雪が降り注ぎ、ハトが飛び立った。と同時に、500個の風船が舞い上がった。梁に追いつき、あっという間に空に向かっていく。
基礎工事が始まって1年と9か月。
霞が関ビルは、日本の明日を背負うように、堂々と立ち上がっていた。

**霞が関ビル**

## ＫＭＧ台湾へ〜李登輝動く

霞が関ビル建設中に、郭は自分の事務所を立ち上げている。ＫＭＧ事務所、郭茂林事務所ともとれるし、霞が関三井、とも取れる命名だ。

霞が関ビルは、単に日本の先端技術を集めただけではない。狭い日本の国土を有効活用するという、経済活動第一主義というわけでもない。

超高層ビルの一番のコンセプトは、「人間らしく生きる」だった。

細長いチョコレートの箱をぺたりと置いてみる。これを敷地いっぱいに建てた１０階建てのビルとみなそう。鉛筆でその箱をなぞると、これが敷地となる。

次にチョコレートの箱を縦に建ててみる。すると、鉛筆の線で取り囲まれた敷地に、たくさんの空きができる。つまりこの部分が空き地となり、ここに木を植え、ベンチをおいたらどうだろうか。

というのは、武藤清が少年版「超高層のあけぼの」（鹿島出版会）で書いた一節だった。

子供向けなのでチョコレートの箱、と書いてあるが、江戸はこれをマッチ箱でクライアントたちに説明し、郭は煙草の箱で説明した。

日陰部分も少なくなり、自動車は地下駐車場に止めれば、道路の渋滞もなくなる。

私の父も、愛用のピースの箱で私に説明した。

「超高層ビルは、太陽と緑を取り戻し、人間らしく生活するために建てるんだ」

おそらく当時の鹿島の社員の家庭では、同じような光景が繰り広げられたことだろう。

東京の街は、従来のやり方ではもう行き詰っていた。それを打開したのが、超高層ビルだった。

三井不動産、鹿島建設、ＫＭＧが主体となって、東京の街には次々と超高層ビルが建てられた。

世界貿易センタービル、京王プラザホテル、サンシャインビル。

西新宿の直高層ビル建設では、街ごとの再開発も行った。これらすべての仕事に永全も関わっていたことは、言うまでもない。

そしていよいよ運命の歯車が回り始める。

霞が関ビルが竣工した時、台湾から永民工程處の巌社長が視察に来ていた。永民工程處は、大陸から避難してきた国民党軍人の受け皿となった会社で、台湾唯一の国営のスーパーゼネコンだった。

当時ダム建設など、土木工事で鹿島建設から技術指導を受けていた縁で、日本初の超高層ビルを見に来たのだ。

有名な烏山頭ダムを手掛けたのは、主に大倉土木であるが、鹿島建設も関わっていた。また日月潭のダムの仕事も鹿島建設で、戦前から鹿島建設と台湾のかかわりは深いものがあった。

　巌社長は霞が関ビル建築に、台湾人建築家が関わっていることは、全く知らなかった。ビルに案内されたときに初めて、郭茂林の存在を知ったのである。

　さっそく台湾にも超高層ビルをと、巌社長は動いた。台湾も地震国である。ぜひ日本の技術を導入したいとのことだった。

　しかしそこから竣工までには、6年の歳月が費やされている。台湾の現場に日本式のやり方、技術を伝えるにはそれだけの時間がかかったということだ。

　霞が関ビルでとび・土工の作業員は北野建設である。社長の北野豊吉は16歳の時にとびとなり、当時は6700人のとびや土工、そのほかの作業員を抱えていた。

　勉強熱心な北野は、欧米各国を回って様々な建物を見て歩いている。

　さすがにバチカン宮殿を見たときには驚いたというが、そのほかは「たいしたことがない」とケロッとして言う。

　どこの現場でも、臆せずどんどん入っていく北野には、向こうの作業員が大声で怒鳴ってくる。

「入っちゃいけねえ、とかいっているんでしょうが、こっちは言葉がわかりませんからね。まあいいじゃねえか、見せてくれよって入っていって、高い足場も勝手に登っていきました。向こうも見れば、素人じゃないことはわかります。もうやかましいことは言わないで、ペラペラ説明してくれましたね」

さすがとびの親方だけあって、度胸満点である。この度胸で世界各国の現場を見て歩いたが、「器用なのは日本のとびが一番」と言い切る。

その世界一番のとびのレベルまで台湾の現場を引き上げるのは、至難の業だっただろう。

郭は、台湾の建築設計、施工において最大の欠点は、「馬馬虎虎」（マーマーフーフー、不真面目、いい加減）であることと言っている。

どこまで追求するか説明せず、図面にもはっきり記載しない。施工会社が総合的な施工図を描けない。

現場の職人たちが自分の経験のみで工事を行い、その結果不正確さを生むこと、また各工事の連携がうまくいかないこと。結局、工期の制御が難しくなって、精緻な良いものは造れない。

郭にとっては母国であっても、日本とのやり方が違いすぎる。長年日本のやり方に慣れていた郭にとって、それをすり合わせていくのは、並大抵ではない苦労があったに違いない。

新宿副都心の仕事では、各地主企業が連携して新宿副都心開発協議会を立ち上げた。郭はこの協議会のコーディネーターを勤めている。日本において大きな開発プロジェクトでは、コーディネーターの役割が重要だ。

建設工事の品質、進捗状況の把握および、人工地盤、公共開放空間等に関する事項については全体企画書にきちんと規定されている。

竣工の段階ではたくさんの問題を協議会により解決しなければならないので、コーディネーターの役割は非常に重要である。が、当時の台湾の建設プロジェクトでは、このようなコーディネーターの参与は少なかった。

郭にとっての苦労もあっただろうが、現場で働く日本人にとってもストレスは大きかったことだろう。

台湾で初めて新幹線を導入したときのことを小説にした「路」がドラマになったとき、台北の飲み屋で憂さを晴らす登場人物のことがひとしきり、ネットで話題になった。

「いる、いる。飲み屋で一人で怒っている日本のサラリーマン」「よく見るよ、ああいうやつ」

似たようなことがなかった、とは言い切れない。

これ以降、郭は次々と台湾でも精力的に仕事をこなしていく。

代表作は、台北駅前の新光三越ビルだ。何も知らなかった当時の私にも、このビルが周囲の建物と違う存在感を持っていることが分かった。抜群の品の良さがあるのだ。

かつてお見合いをした鹿島建設の社員が、「僕は京王プラザホテルが大好きなんです。この女性的な曲線がたまらなく美しい」と言ったのを聞いて、ビルを「美しい」とみる人がいるのだと驚いたことがあった。

私にとって、ビルはあくまでも建物であって、それ以上でも以下でもなかった。

そんな門外漢の私の目にすら、新光三越は美しいと映ったのだ。のちに京王プラザホテルも、新光三越ビルも郭の仕事と知って、なるほどと納得したのである。

「あのビルも、裏に回ると暴れているところがあるんですよ」

純がいたずらっぽく笑いながら教えてくれたので、その次に台湾に行ったとき、じっくりと眺めてみた。なるほど、暴れているという意味がよくわかる。郭の華人としての遊びは、表ではなく、ひっそりとしたところに隠されていた。それが郭の作品を「粋」に見せている。

そしてもう一つ、この新光三越ビルの向かいに立つ台北駅である。この駅の路線地下化も郭の提案だった（鉄道地下化台北駅更新計画・昭和46年）。これは中国工程師学会60周年の席上、発表されている。

郭の作品は奇をてらわない。あくまでも住みやすさ、長年使った人が、使えば使うほど使いやすくなることを第一としている。

だから、いま台北のランドマークとなっている１０１ビルは、あまりお気に召していなかったようだ。

「あんな建物、どうやって手入れをするんだ」と、不満げに語っている。

第一商業銀行ビル、台湾電力本社ビル、新光生命保険本社ビル、台湾セメント本社ビル、等々、ＫＭＧの仕事は枚挙にいとまがない。

ビルだけではなく、地域開発も郭は手掛けている。

そして昭和53年、このとき台北市長だった李登輝から、郭への呼び出しがあった。

この時の様子を『李登輝秘録』（河崎真澄・産経新聞社）を参考にしながら見てみよう。

台北市の膨張に備えて、東の郊外にある軍の施設跡地の活用を提案してほしい、という内容だった。

現在、台北のマンハッタンと呼ばれる信義地区再開発である。新宿副都心計画を知った李登輝が、郭の存在も知って声をかけたのだという。郭には、信頼に十分値するほどの実績があった。

実は郭はすでに昭和43年、台北駅周辺の都市設計を自費で企画、設計していた。鉄道地下化、および大規模な街区の再開提発について、完成後の模型まで添えて、当時の高玉樹市長に提出。その重要性を当局に強くアピールしていたのだった。

郭はさっそく市内中心部にあった台北市政府庁舎の移転を軸に、副都心の構想図を描いた。模型を携えて市長室で李登輝に説明する。会話はすべて日本語だった。

李登輝の理解の速さ、深さと、郭に対する賛辞。この会談は、郭にとって忘れられないものになった。

こんな立派な台湾人がいる、ということも郭にとっては意外な驚きと喜びだった。

このとき同席していた純は、「新宿副都心では高層ビルの横のつながりが良くなかった。その反省を台北では生かして、歩行者にとっても一体感を得られるコンセプトを提案した」

**左から郭純、李登輝総統、郭茂林**

という。

さらに緑と広場のネットワークや地下鉄建設の計画ともリンクさせる。李登輝は即決即断で採用を決めた。

信義地区計画では、まだ台湾にはなかった容積率制度の実施を提案。容積制はのちに台北市全域、そして台湾の各都市に拡大されていく。都市を合理的にコントロールする手法が普及するエポックとなった。

また都市景観をコントロールする都市デザイン管制の手法が、この信義計画で初めて具体的に提案、導入されたことも意義深い。

昭和55年、信義地区計画は正式

に発表され、市政府は郭の案を採用。ＫＭＧに委託された。台湾では初めて企画の段階で都市計画の概念を取り入れたものになる。

さて、ここで１人の人物を紹介しよう。

許泰宗。ＫＭＧに在籍していたのは４年と短いが、郭の秘書として需要な役割を担った人物だ。

出身は台中である。逢甲大学を卒業後、26歳で日本大学に留学するため、来日した。

許の生家は台中の資産家である。祖父は駅前のビルをいくつも持ち、その上タクシー会社を経営していた。

毎年日本に行き、日本車のみを買ってくる。台中のタクシー会社の中でも格が高いと評判だった。

家の中には畳敷きの部屋もある。子供のころからナイフとフォークで食事をするという、周囲でも別格扱いの家だった。

父はまじめ一方の地味な男で、裕福な家の娘と結婚したからと言って遊ぶわけでもない。実直にタクシーの運転手をしていた。

あるとき日本からの観光客のガイドをしたことが縁で気に入られ、日本で仕事をすることになった。父は飲食店のノウハウを、日本で身に付けていく。

泰宗はひとり、台中に残った。当時台湾はまだ戒厳令下で、兵役を済ませなければ海外には出られなかったのだ。

26歳で日本大学大学院に入学するために来日した泰宗だった。このとき彼は、ほとんど日本語が話せなかった。

ここでまた、運命はいたずらをする。

構内を歩いていた時、北京語を話す学生がいた。なつかしさのあまり話しかけると、偶然にも彼も台湾人。しかも、建築学科の学生だったのだ。

泰宗はすでに入る研究室が決まっていたが、「そこはだめだ。甘くて実力がつかない。厳しいけれど、僕の先生を紹介しよう」と、泰宗を連れて行った。

作品集をまとめたスライドを見た教授は、その場で泰宗の入室を許可した。

先輩の言う通り厳しい教授だったが、勉強は楽しかった。のちに学内で一番優秀な学生が取る賞の選考会の時、泰宗の名前が一番に上がった。すると他の教授たちから、「許くんは日本語もろくに話せない。そんな学生に賞を与えるなんて」というブーイングが出た。それを遮って、「一番優秀な学生に与える決まりだ」と言ったのは、指導教授だった。

泰宗がKMGに在籍したのは昭和62年からである。台湾語が話せる泰宗は、郭から可愛がられた。

日本人に聞かせられない話も、台湾語で話せたこともあるが、一番にはまじめな泰宗の人柄だ。

泰宗は、新光三越ビルや信義地区の都市計画などにも携わるようになり、郭のお供をして台湾での打ち合わせに出かけることもあった。

泰宗の仕事の中で興味深いのは、太魯閣国立公園の開発プロジェクトである。これは張隆盛営建署署長という、日本でいうところの建設大臣直々の依頼だった。

私は、KMGの仕事は都会的なビル建設や都市部の開発と思い込んでいたので、国立公園の開発コンサルタントもしていたというのが意外だった。

予算にして300万NTD。当時の日本のお金にして約1000万円ほどと、KMGの仕事にしては小規模だった。

というわけではないのだが、この仕事は全く動かなかった。3年もの間、塩漬けにされているのを見かねた郭が、断ろうとしたのを止めたのが泰宗だった。

「このままでは郭先生のメンツが立たない。張署長のメンツもたたない。僕が行ってなんとかしてきます」

花蓮の空港に降り立った泰宗を迎えたのは、花蓮県政府の要人たちである。さぞかし立派な日本人の技術者が来るかと思いきや、北京語ペラペラの台湾人設計士が来たのだ。

「あれは痛快でしたね」と、泰宗は愉快そうに笑う。まさに故郷に錦を飾った気分だっただろう。

仕事は太魯閣の入り口にある大同地区のビジターセンターの拠点計画だった。後背のレクリエーションセンターについても依頼があった。

泰宗は日本にいる純と情報を共有しながら仕事を進めていった。まず原住民たちでチームを作り、３日間周辺を歩き回って調査をした。

いまある遊歩道は、この時の仕事である。ケーブルカーも検討したが、これは台風が多いことや険しい渓谷だということで、あまりにも危険とみなされ、採算が合わないことから見送りとなった。

この時の建設大臣、張署長は10年間の在籍の間に、数多くの功績を残している。その一つが、国立公園の制定だ。太魯閣は昭和61年に制定された４番目の国立公園である。

泰宗は後年、帰化するときに祖父の恩人、河田の名をもらっている。河田は祖父の軍人仲間だった。

話を台北市に戻そう。台北駅からの地下街、中華路地下街もＫＭＧの仕事である。

本来、地下街は公共の地下駐車場を整備するためのものだった。地下駐車場の工事費が高くつくため、駐車場プラス商業施設で駐車場の建設費を分担させるのが目的である。

地下商店街は雨の日も風の日も関係なく、市民が遊びに来ることが出来る場所だ。しかも空調が効いているのは、ありがたいことである。

日本の地下街はテナントミックスを重視する。どこにどの店が配置されるか、計算されている。台湾の場合は抽選で決まるので、地下街全体を日本のようにコントロールできないという。

郭の口癖は、「天の時、地の利、人の和」だった。建築主、設計者、施工会社の三者、特に「人の和」には気を使った。

台湾セメントのプロジェクトでは、三つの契約を結んだ。第一に「設計契約」、第二に「監理契約」。公開入札したのち、落札した会社の実力が事前にはわからない。A級か、B級か、C級か。そのため、監理契約はしばらく保留にした。監理する担当者の実力も、会社によって異なることと、建設会社の財力が不足、または施工中に問題が発生して途中で逃げるケースもあるからだ。

台湾では、工事途中で建設会社が「飛ぶ」ことを防ぐため、保証金が必要である。日本の会社が落札したあるプロジェクトでは、1億NTDが用意できなかったため、話が流れたこともある。

KMGでは台湾の会社にも、日本の厳しいやり方を要求した。建設会社は事前に施工詳細図を描き、設計者の同意を得てから施工に入る。建築主、設計者、施工会社の三者はお互いに協力することを入札書類に明記し、仕事の進行をスムーズにいくようにした。

東京のKMG事務所には大きな丸いテーブルが2つ置いてあった。技術者はここに集まって意見を交わす。会社的に地位が高くない技術者であっても、専門領域で経験が豊かな技術者の意見は尊重される。

郭の口癖は「1人では何もできない、私たちは郭茂林グループ。グループなのだ」だった。丸テーブルの会議では、上下の区別なく、皆が平等に扱われた。これがそのまま郭の人間性を表している。ここから、日本、台湾の偉大な仕事、プロジェクトがいくつも生み出されていったのだ。

郭はまた、後進の指導にも力を入れていた。昭和56年、中山堂光復庁で行われた「高層建築計画」という講演会（建築学会主催）は、会場が満席になるばかりではなく、通路にもあふれんばかりの人々でいっぱいになった。

李登輝は信義地区での仕事を高く評価し、台湾省主席になった時代も、郭を頼りにした。昭和63年の総統就任後、2年後に行われる間接的な総統選を前に、郭に連絡してきたという。選挙を経て再任され、正式な総統の立場で国つくりに着手したいと考えたのだ。

李登輝は選挙後にすぐに動けるように、さまざまな手を打っていた。郭に助言を求めたのもそのひとつである。

当時、郭は大腸がんを患っていたが、治療中の身にもかかわらず、「ここで李登輝総統の求めに応じなければ男がすたる」と、奮起。

田中角栄が唱えた「日本列島改造論」の作成に参画した専門家の知恵を集約し、「中華民国台湾地区計画の骨子」をまとめあげた。平成2年8月のことである。

国際空港や国際金融センター、リゾート開発などのハードウエア、さらに国際交流や教育研究、環境、自然体系というソフトウエアまで含んだ、壮大な計画だった。

この1つが、のちに台北高雄を1時間半で結ぶ高速鉄道の建設計画などに結びついている。

郭は、台北市長から総統になるまでの李登輝に接し、「このような人格者をトップに持つ台湾人は幸せだ」とうらやんでいたという。

政界、建築界を代表する2人の偉大な人物が組んだからこそ、成し遂げられた偉業である。

「夢は1歩だけ時代に先んじること」

そう言っていた郭であるが、その「1歩」はあまりにも大きい。

# 第四章　日台の懸け橋として

## 中国工程師学会

生前の永全と会った時、「今年はこの団体を率いて台湾に行くんですよ」と、誇らしげに1冊の冊子を見せてくれたことがある。それが中国工程師学会の資料だった。

「中国工程師学会」とは、日本と台湾の技術交流を行う団体である。明治44年、中華民国創立の年に南京に設立。昭和24年に国民政府とともに台湾に移転している。

「工程」とは中国語で科学技術全般を指し、「工程師」とは技術者を指す言葉だ。

現在は台北の本部のほかに、アメリカ、カナダ、日本、香港、欧州にも支部が置かれている巨大組織である。活発な学術活動を行うほか、月刊誌「工程」及び「中国工程師学会誌」も発行している。

理事長および理事27名、監事5名によって運営され、電気部会、機械部会、土木学会など12の専門部会が所属、総勢2万人が属している。

日本では中国工程師学会日本支部、日本分会という名だ。昭和28年に日本在住の台湾人技術者たちによって設立され、平成16年12月に「台湾科学技術協会」に改名されている。

日本での初代理事長は、郭茂林。日本で科学会が立ち上がったときにはKMG事務所を、会の事務所として提供、その後も資金援助など、会の発展のために尽力を惜しまなかった。

永全も二度に渡って理事長を務め、玉子は理事として名を連ねている。

台湾科学技術協会の活動の中には、神栖の家の見学会も組み込まれていた。バリアフリーは台湾にとっても大きな関心事だった。

現在日本では留日の専門家および学者、博士課程在籍の留学生を主体とする１００名の会員が所属している。その時々に台湾が抱える問題について、日本から専門家を講師として招聘、講演会や実務指導を行う。

台湾華僑たちが日本やそのほかの国で学んだ最新の科学技術を故郷の台湾に還元し、恩返しするための組織なのである。

中日工程技術研討会（日本での通称は「台日工程技術研討会」）は台湾の中国工程師学会と、台湾科学技術協会との共催で、ほぼ1年に1度台湾で開催されている。昭和55年に第1回が開催されてから、コロナ禍に入る直前の令和元年まで、33回を数える。

日本の先進技術と研究を、日台双方の技術者の議論を通じて台湾の政府と企業に普及させ、国民生活を向上させることが目的だ。

過去33回までに参加した学識経験者は延べ１３４７名。台湾の経済発展にこの研討会が果たした役割は、極めて大きい。

活動資金は主に会員からの会費だが、現在97社に上る協賛企業からの寄付もある。ＫＭＧからの寄付ももちろんのことだった。

永全は平成9、10年および平成15、16年の計4回、理事長を務めている。

第23回中日工程技術研討会（中華民国92年、平成15年）、永全が理事長を務めていた年は、10月26日から31日までの日程だった。15の部門に及び、水資源組、金属組、紡績組、電信組等々、多彩なジャンルに及ぶ。

郭茂林は平成19年に長年の功績をたたえられ、台湾政府から三等華光奨章を受章している。永全が音頭を取って、2月に祝賀会が行われた。

台湾新聞に掲載された第30回「台日工程技術シンポジウム」の様子を見てみよう。

壮行会は11月8日、台北駐日経済文化代表処で行われた。台湾科学技術協会理事長の徳山喜政東京工芸大学教授が挨拶、シンポジウム出発前の案内と注意事項の説明、質疑応答、訪台団の団長、副団長の選出が行われた。

団長選出の司会は全30回に参加している堤井信力東京都市大学名誉教授である。全会一致をもって、大日本コンサルタント株式会社の川神雅秀会長に決定した。

懇親会はOBも加わり、にぎやかに行われた。台北駐日経済文化代表処の沈斯淳代表の、期待に満ちた挨拶もあった。

このシンポジウムでは、講師は単に台湾に飛んで講義をするだけではない。事前に関係各所への打ち合わせ、準備などの入念なやり取りがあっての講演である。

「前回も参加していますが、今回は講義一度のみ参加です。ロシアから飛んで、終えたらすぐに戻ります」（浜松ホトニクス株式会社上田健一開発本部・大出力レーザー開発部研究開発グループ

顧問）

「9月に上司からこの話を聞きました。インフラ関係です。研究は基礎から応用まで。台湾は日本より進んでいる面もあり、講演は不安もあります」（匿名希望）

「27回の参加です。会社は台湾ですでに事業を行っていましたが、シンポジウムは大変勉強になりました。講演だけではなく、ご配慮をいただいていい経験をさせてもらいました」（株式会社横川ブリッジ佐々木保隆常務取締役）

「27回の参加です。鉄道関連です。自分がやっていることを聞いてもらえるのは嬉しい経験でしたし、実際使っていただきました。ツアーには行けませんでしたが、食べ物はおいしかったです」（清水建設株式会社技術研究所鈴木健司主任研究員）

講師として招かれたエンジニアたちは、ちょうど仕事に脂がのった世代である。台湾の観光も楽しむ暇もなく、とんぼ返りする忙しさだった。

日本分科会だけでもこれだけの活動をしているのに、アメリカ、カナダなど各国を合わせたら、どれほど膨大な数になるというのか。気が遠くなるような気がする。改めて台湾という国のエネルギーの大きさを思い知る。

黄瑞耀は、郭茂林が三等華光褒章を受章した時の工程師学会理事長である。

「永全さんは穏やかなお人柄で、後輩の面倒見が良かったですよ。指導も熱心にされていました」と語る。

黄は永全や玉子とは少し下の世代、昭和24年生まれである。実際は1月生まれであるが、身分証明書では3月となっている。このころはまだ台湾の社会も不安定だったため、両親は数か月様子を見てから戸籍の登録に行ったのだという。

両親は日本語世代だが、家では客家の言葉を話していた。家では完ぺきな日本語の会話はなかったけれども、片言や単語での会話はあった。

日本語を習い始めたのは高校生のころから、本格的には大学に入ってからだ。趣味として演歌を歌いたいという気持ちから日本語を学び始めたけれど、日本人のペンパルを持ちたいという思いも大きかった。

師範大学を卒業ののち、兵役に就く。研究を続けたいという気持ちが強く、紆余曲折あって交流協会の奨学金を受け、東大大学院で博士号を取った。

平成24年に台湾に帰ったのちは、主に中華経済研究院の顧問としての仕事についている。その合間に日本の外務省が行っているプロジェクトの手伝いなどもしている。これは台湾の中学生が日本に研修に行ったり、日本から台湾に着たりという交流であった。多い時には100名ほどに上ったという。

また日本の地方からは商談やセミナーなどの問い合わせが黄のもとに寄せられる。愛知県、愛媛県、福井県や高知県。県もしくは県の中小企業団体が、台湾の企業と商談をしたいという相談である。

これは主に促進会が請け負う。促進会は中華経済研究院と関係があった。のちに台湾副総統になった蕭萬長が、「トップクラスの日台科学技術交流だけではなく、草の根の交流も大事だ」と考え、企業の実際の実務的な協力関係を作るために生まれたのが「促進会」である。

「実は台湾と日本のこういう関係は、世界に類を見ない」と黄は言う。明治28年から50年間日本に統治され、戦後も何十年と切れることなく、関係が続いている。単なる技術交流ではない、民間レベルの交流が非常に多い。

黄は仕事を通して、台湾にゆかりのある先生たちに会うことが多いという。

そのうちのひとりが森鴎外のひ孫の森千里（千葉大学医学部教授）で、公衆衛生の講義をしてもらった。森鴎外の息子は台北帝国大学（現台湾大学）の公衆衛生の初任医長で、現在も台湾大学付属病院には銅像がある。

慶応義塾大学の薬師寺泰蔵教授も台湾で公演したのち、母上が台中の小学校で教師をしていたことがわかり、その小学校を訪問している。

そのほかにも戦前から台湾との関係があるという人たちは多い。それが日本と台湾の特殊な関係を作ってきていた。

では今後はどうか。

「日本の社会は非常にクローズドです。日本の技術も情報もかなりクローズド。その技術情報をどうパッケージして売るか、このパテントとパテントを組み合わせてひとつの製品になるという、いわゆる知識加工。こういう部分を請け負う人がいないと、パテントはたくさんあるけど、ユーザーにとっては役立たないということが起きてくる」

「一般的に日本の研究者や技術者は、深く深く専門分野を追及する。台湾はそれほど深くはない。私（黄）もそうだけど、これもわかる、これもわかる。でも深くまではわからない。けれども事業化の部分はうまくやれる」

民間企業と連携しながら製品化するのは台湾人がうまい。どの技術をもって製品化するのか、この技術はあの会社のあの製品とドッキングしたらいいものになるのではないかと、自然とそういう考えになるという。

しかも台湾人は、世界中に華僑というネットワークがある。日本の中では思いもよらないような、面白いものができる可能性は大きい。

科学技術の分野ではないが、これを日本の代表的な産業、お茶で見てみよう。ここに素晴らしいお茶があり、そのお茶の造り手がいるとする。

「素晴らしいお茶ですね。気に入りました。おいくらですか？」とバイヤーが尋ねると、「さあ、いくらにしたらいいでしょうね」と答えるという。

つまり日本人は「いいもの」を作る。しかしそれにどう値段をつけるか、どのようにさばけばいいか、全く考えていない、ということなのだ。いい造り手になればなるほど、その傾向は強い。

これは日本人全般に言える特質なので、それを自覚したうえで、足りない部分で台湾人と協力できれば怖いものなしのタッグが組めるというわけだ。

今までは日本の研究者、エンジニアたちが台湾の産業発展に大きく影響を与えてきた。これからはもっと対等な形で、日台の連携ができる可能性は無限大である。

その種まきをしたのが郭茂林であり、林永全、玉子や多くの留日の優れたエンジニアたちだったのである。

## 台湾に蒔いた種〜曾思瑜

玉子も永全も、後輩を育てることには熱心だった。永全はよく留学生の身元引受人にもなっていた。あるときそのうちの一人が「飛んで」しまった、つまり行方不明になってしまい大騒ぎになったこともある。

悦子はその時のことをよく覚えていた。

「大騒ぎでしたよ、パパがあちこちに連絡して、飛び回っていました」

こういうことは、昔からよくあったらしい。

身元引受人になるということは、リスクも伴うが、それも込みで、永全たちは留学生の世話をしていた。

曾思瑜は直接玉子の指導を受けた教え子である。現在台湾国立雲林科技大学の建築および室内設計学科の教授を務める。

昭和36年、雲林県斗六市に生まれ、桃園で育った。彼女も国立成功大学工業設計系の卒業なので、玉子や永全の後輩にあたる。優秀であることは折り紙付きだ。

大学を卒業後、彼女は1度デザイナーとして3年間、民間の会社で仕事をしている（台湾三菱エレベーター会社意匠設計課）。

その後奨学金を受けて、国立筑波大学環境科学研究科の研究生として来日した。昭和63年のことである。

研究室の教授は谷村英彦（社会工学研究科）。谷村は東京大学大学院で学んだ時、玉子と同じ吉武泰水研究室に在籍していた。

曾の博士論文のテーマは台湾の高齢者の居住空間だったため、谷村は玉子に指導をお願いしようと思い立った。

平成3年、玉子は東京都老人総合研究所の部長である。そして曾の指導は、谷村、玉子、そして土肥博至教授（芸術学研究科）の3人となった。

毎月1度、高速バスで東京に行く。板橋の老人総合研究所で待ち合わせ、数日間老研で資料を調べる。論文の内容をミーティングする。その間は玉子の家に住み込みながらの状況だった。

　玉子が設計した神栖の家に行くこともあった。身をもって玉子が設計したさまざまな工夫を体験する。寝室から風呂場に移動するリフターにも乗った。

　玉子はこの台湾留学生に容赦がなかった。あまりの厳しさに、一緒に暮らしていた悦子がハラハラするほどだったという。曾はあまりの厳しさと要求の高さに、何度も心が折れそうになった。

「私は先生の要求するレベルに達していない。このまま論文を仕上げることが出来るのだろうか。もう無理かもしれない」

　曾は何度も絶望し、涙を流した。東京から筑波に帰ると、研究室の先輩、歳森敦（現在筑波大学図書館情報メディア系長）に、カウンセリングを頼んだ。そうでもしないと心の安定が保てなかったのだ。

「私は研究者に向いていないのでは」という曾を、歳森は励まし続けた。

　谷村教授は曾の研究をもとに、玉子や吉田あこ（当時つくば短期技術大学教授）とともにチームを作った。日本住宅総合研究財団に2年間の研究案を申請した。

　テーマは「在宅高齢者の居住様態と家庭環境」。そして谷村と玉子は、平成4年7月から8月にかけて高雄政府で講演をするために、台湾を訪れた。

　この時改めて玉子は台湾の高齢者を取り巻く環境や政策について知った。それからは台湾政府や民間団体の招きに積極的に応じ、講演活動をすることになる。

2年後に曾は博士号を取得。30代の若さで雲林科技大学の教壇に立った。

「私が今あるのは玉子先生のおかげです。玉子先生の厳しい指導があったからこそ、ここまでこれた」

曾はそう語る。悦子の印象に残るくらいだから、玉子の指導の厳しさは相当なものだったのだろう。だが、玉子がそこまでしたのには理由がある。

「私の跡継ぎを台湾に遺す」、明確な目的があったのだ。

台湾の高齢化は急速に進んでいる。少子化、高齢化は日本よりも急激だ。行政院の統計によれば、高齢化率の平均は平成30年で14・5%。令和8年には20%を超えて超高齢化社会になると予想されている。

だが台湾では日本のような介護保険はまだ導入されていない。平成29年から「長期介護10か年計画2・0版」という政策を実施。地域ケアに力を入れ、デイサービスや地域化以後拠点を増設しようと努力はしているが、全体的に見て、高齢化社会に対応できるだけの基盤が整備されていない、と曾は見ている。

台湾では在宅介護が主だ。その介護を請け負うのは移民の女性たちである。

高齢者の介護度が上がると、医者が証明書を書いて、移民のヘルパーを依頼する。そのヘルパーが住み込みで、高齢者の世話をするのだ。

母親の介護のためにヘルパーを頼んだという台湾の知人は、「お金がかかって大変だった」という。

ヘルパーをどの家に住まわせるのか、部屋の確保はできるのか。また費用は、兄弟の誰がどれくらい出すのか。それだけではない、ヘルパーの生活費まで出さなければならないために、兄弟間でのもめごとが絶えない家庭もある。昔のように子だくさんではなく、台湾でも子供の数が減っているため、1人にかかる負担が大きいのだ。

裕福な家庭ばかりではない。そのため、高給取りのヘルパーたちへの風当たりも強い。「結局施設を作ると建設費もかかるうえに、維持するのにもお金がかかる。だから政府はやりたくないんですよね」と批判的に見る知人もいた。

やっと最近、施設を作るという話も出ているらしいが、「選挙前の人気取りですよ」とかなり辛辣な口ぶりで語っていた。基本的にアジア圏、特に華人には高齢者への敬意が篤いし、家族は最後まで家の中で見ようという意識が強かったためでもある。

「まだまだ介護施設や居住系の施設も足りないし、質も向上させる必要があります。第一、大学の建築学科に高齢者居住環境分野がない状態ですから。また高齢者に対し、人間的に適切なケアをすることや、環境整備、これも大きな問題になっています。政府や民間が力を合わせていかなければならない」（曾）

親の介護をしながら働く台湾の知人たちは、みな独身で子供もいない。彼女らは将来への不安をこう語る。

「今はいいんです。ヘルパーの確保もできるし、子供たちもいる。でも私たちに介護が必要になったときには、東南アジアも裕福になって台湾との格差はなくなっているかもしれない。出稼ぎのヘルパーも来なくなって、頼る親戚もいないとなったら、どうなるのか。不安は大きいです」

台湾の高齢化もまったなしなのだ。

30年以上にわたり、曾は台湾と日本の懸け橋となり、高齢化社会に向けての情報を発信し続けている。講演会や見学ツアーの実施、玉子の本の翻訳出版。自らも、何冊かの本を出版している。

曾は台湾の第一人者として、日本の学者たちとの情報交流も続けている。

日本は林玉子という逸材を得て、大きく世の中が動いていった。台湾には台湾らしいやり方がある。それは玉子が育てた曾が、後進を育てながら進めていくのだろう。

## 台湾精神~台湾プライド

映画「台湾三部作」で知られる監督、酒井充子は最晩年の郭茂林と親しく付き合った一人である。その酒井は一度だけ、郭が「台湾精神」という言葉を口にしたのを覚えている。

「台湾精神」とは、いうまでもなく統治下で日本人たちが台湾人に教え込もうとした「日本精神」の逆説的な言葉である。郭はそれを、意識的に使ったのだと思う。

台湾人と本当の日本人との間には、厳然とした差別があった。それは教育の面で顕著だった。

当時はナンバースクールだったので、学校名を言えばすぐに序列がわかる。最高峰の台北一中には、台湾人は受験ができなかった。

二中は台湾人、日本人が混合で受験できるので、倍率が高くなる。だから台湾人たちは内心、「二中のほうがレベルが高い」と思っていたそうだ。

台中では一中と二中の立場が逆転していたので、「台中人は気概がある」と評価されていた。

郭が入学した台北工業学校も、日本人は普通に受験できるが、台湾人にとっては狭き門だった。

酒井が撮った映画「台湾人生」でも、学校で首席の成績を取ったにもかかわらず、総代になれなかった女性が出てくる。

「先生は、『お前は台湾人だから総代にはさせられない』といって、私よりも成績が下の日本人を総代にしたんです」

戦後何十年もたっているというのに、その女性は生々しくその時の気持ちを語っていた。

親日家で知られる元台湾総統の李登輝は、会田弘継とのインタビューでこんなエピソードを披露している。

台北高等学校に入学した李登輝は、田舎の母親を呼び寄せる。母は台湾服しか着ない人だった。一目で台湾女性とわかると、日本人たちは蔑みの目で見る。

その母を台北の中心部にある、台湾初のデパートに連れて行ったのだ。

「私は制服制帽を着けて母と歩いた。日本人たちにこう言いたかった。『あなたたちが見下す台湾人の母が、高等学校の学生の私を生んだのだ』、と」（２０２１年10月20日「台湾・李登輝が『戦前日本を賛美した』胸のうち』・東洋経済オンライン）

これは強烈な自負である。自負ではあるが、一抹の哀しみも秘めている。しょせん我々は植民地の人間である、二等国民としてしか扱われないということも、身にしみてわかっているからだ。

李登輝と郭茂林の気が合ったというのも、よくわかる。２人とも同じ世代を生き、同じ思いを味わっていたからだ。

「ダーダオチェンの夢」（「紫色大稲埕」）（ネットフリックス配信終了）では実在の台湾人たちが出てくる。抗日運動も、はっきりと描かれている。

主な登場人物として出てくる医師の蔣渭水は、実は玉子の遠縁にあたる人物だ。大稲埕、今の迪化街の中心に医院を構え、医師としての仕事のほかに民族運動家としても活動をしていた。

蔣は明治23年の生まれだから、台湾併合の明治28年には5歳だ。十分に物心ついている年齢である。

当時の台湾の名家にとって、日本など東の野蛮人に過ぎなかったから、その日本に併合されるなど、屈辱以外の何物でもなかった。

作家の陳舜臣は、併合時のことをこのように語っている。

「私の父は台湾が割譲された翌年に生まれています。すっかり日本時代の台湾人ですが、でも親父の子供のころの写真を見ると辮髪なんです。私が一時台湾に帰ったときもまだ辮髪のままのお年寄りがいたらしいですよ。

そのころの時代を当時台湾では『蕃仔反』の時代と言ったそうです。蕃人、つまり日本人が清朝に対して反乱を起こしている、とみていたんですね。

日本に対する先住民の反乱、これも『蕃仔反』です。一方『走蕃仔反』という言葉もあった。「走」とは逃げるという意味で、つまり日本がやってきたとき厦門あたりに逃げた金持ちたちのことを指します」

中華的な感覚から言えば、日本人も先住民も同じ「蕃」ということになる。

蔣渭水の台湾版ウイキペデイアには、国籍の部分が「大清、大日本帝国」とある。

そもそも「渭水」という言葉自体が、中華文化の中心を指す。渭水（今の黄河、もしくはその分流）を中心として、古代中華文明は栄えた。

なお弟の名は「渭川」。これも渭水の別名であり、また渭川漁夫といえば、「太公望」のことを指す。転じて優れた能力を持つ人、の意味もある。息子たちに古代中国由来の名を付けた父親には、中国人としての誇りがあったに違いない。さらに渭水は父親の影響で、台湾の宗教やしきたりに深く親しんでいた。

その渭水が日本人による統治に甘んじ、同胞の台湾人たちが二等国民として扱われることを見過ごすわけがない。大正9年より、渭水は台湾議会設置請願運動に参加。林献堂らとともに台湾協会を設立する。

大正12年4月、摂政宮（昭和天皇）の台湾訪問の際、彼らは摂政宮に台湾議会設置を直訴するべく計画を立てた。

太平小学校（くしくも郭が卒業した学校である）を視察した宮は、蔣の医院のそばを通って帰られる予定だった。が、事前に情報が洩れ、蔣が検察に引っ張られたために計画はとん挫した。

この事件を「東京日日新聞」は6月23日付で「東宮奉迎の裏面に、この忌まわしい奇怪事」として報じている。記事の中で渭水は「今年36歳の有為の青年紳士」「台北医専の出身で〜内地人にも相当信頼を博している」と描かれていた。

さらに毎日新聞では、「島民の奉迎を理由なく圧迫」という在台の日本人の談話をのせている。

「摂政の宮にはありのままの台湾を見ていただきたかったのに、間に入った当局がいい顔をしたいがために、台湾人の有産階級、知識階級を理由なく弾圧。殿下行啓にあたる沿道では民家が強制的に壊されても何の保証もない。内地では、乞食のむしろ小屋が焼き払われたことが物議をかもしているというのに、台湾では庶民はなすすべもない」

そして当局のやり方を「醜女の厚化粧」と激しく批判している。

弾圧するのが日本人なら、台湾人の側に立って当局を批判するのも日本人。渭水は計数十回にわたって逮捕されているが、最後まで弁護に立ったのは日本人の清瀬一郎である。

渭水の妻は石家の出身、玉子の母陳石満の実家の縁続きだった。石家は渭水の運動に資金援助を続けた。渭水自身の財産は、運動のためにほぼ使い果たしてしまったという。

渭水は40歳で、志半ばでなくなっている。

功績は高く評価され、「台湾国父」「台湾孫中山」とも呼ばれている。国道5号線は「蔣渭水高速道路」、台北市錦西街錦西公園は「蔣渭水記念公園」と改称されている。

「台湾と日本の過去には、いいことも悪いこともあった」と言ったのは、映画監督の魏徳聖である。いいことだけ見ても片手落ち、悪いことだけ見ても片手落ちになる。

実は日中戦争当時、中国大陸に渡って国府軍に参加し、日本軍とたたかった台湾青年たちもいたのだ。ジュデイ・オングの祖父、翁敏明（明治25年～昭和18年）は、家族そろって厦門に移住（大正4年）。国民党政府に援助をしながら抗日活動を続けていた人物だ。袁世凱をコレラ菌で毒殺しようとし、未遂に終わったことでも知られている。

台湾内での抗日活動は徹底的に弾圧されたから、日本の統治に反発する人たちが大陸に活路を見出したのは、ごく自然のことだった。

台湾人はこれほどまでに誇り高い民族なのである。

戦後日本の社会で大きな仕事を成し遂げ続けた郭茂林は、「台湾人として恥ずかしいことをしてはいけない」と、身の回りに非常に気を使った。

建築の仕事は、巨額なお金が動く。それは日本であっても台湾であっても同じことだった。郭の人脈を利用しようと近づいてくる人間もいる。だが、郭は口利きのためのお金などは一切受け取らなかった。

あるとき、台湾での大きな仕事のため、最高責任者が来日したことがあった。彼は郭に会うなり、「6000万円ほしい」といいだした。賄賂である。郭が撥ねつけると、その仕事は他国に回った。

が、東アジアの高温多湿の風土を考慮しない設計のため、のちに大事件を引き起こすことになる。

KMGで郭の秘書を務めた河田泰宗（中華名・許）は、「日本の社会で生きていくためには人一倍の努力が必要だ」という。外国人が日本で生きていくためには、日本人と同じことをしていては、だめなのだ。

河田は現在、新橋の台湾料理屋の店主である。KMG事務所を辞めるきっかけは、実母の借金だった。

香港で派手に商売をしていた母は、5億円の借金を作った。その肩代わりをした河田は妻とともに新橋の店を受け継ぎ、懸命に働いた。その借金はもうすぐ返し終えるという。

河田もまじめ一方の男だ。遊びはカラオケ程度で、賭けも女性遊びも大嫌いだという。

日本人が外国で生きていくのも同じことだ。若干の居心地の悪さをいつも感じながら生きていかなくてはならない。

「学校の先生が生徒たちに、中国人を貶めて話をするんですよ。で、僕に気が付いて『陳君は別だよ。君は台湾人だからね』という。でも、日本人と同じではないんですよ。軍事教練にも参加できませんし。自分はまともじゃない、そういう気持ちをいつも抱えていました」

という陳舜臣が感じたことと同じだ。

海外で暮らす人間は、自分の出自、産まれた国を強く意識せざるを得ない。

日本人に日本精神があるなら、台湾人にも台湾精神がある。

人は郭を「日本人と台湾人の良さを併せ持つ人だ」といった。

建築という巨大な利権が生まれる世界で、口利きもせず、賄賂を贈りもせず、受け取りもしない。ただひたすら誠実に仕事をし、人と付き合う。

郭はほとんど奇跡と言っていい人物だった。

そしてそれこそが、郭の台湾プライドだったといえよう。

## 危うさのはざまで～「渋谷事件」

戦後、台湾人が起こした最大の事件として、「渋谷事件」を避けて通ることはできない。戦後の台湾人の立場を表しているという点でも、重要な事件なのである。

戦後の一時期、日本中が混乱しているときに、朝鮮人や台湾人が第三国人として裏社会で幅を利かせていた。特に闇市で元気なのは「朝鮮人と台湾人だけだった」と、闇市で仕事をしていた台湾人（故人）から聞いたことがある。

第三国人が元気だったのには理由がある。

昭和20年1月3日、ＧＨＱは「朝鮮人及び台湾人を開放国民としてできるだけ優遇する」という声明を出した。これは後々を考えると明らかなＧＨＱの判断ミスと言える。

有楽町から新橋に至る一帯は、戦時中の激しい爆撃により、一面焼け野原であり、何もない状態だった。そこに戦後闇市が立つ。その闇市では日本人、朝鮮人、台湾人が入り乱れて商売を始め、対立が激化していった。

台湾人が渋谷に集まるのは、ここに台湾人の互助組織、慈善服務団の第三支部（栄町一丁目）があったからだ。闇市マーケットもあるし、「渋谷に来れば食える」と誘い合って台湾人の青年たちが集まり始めた。

彼らは日本国籍を失い、しかしまだ中華民国からどのような扱いを受けることになるか、この時点ではまだ明確にはなっていなかった。宙ぶらりんの状態なので、堅気の仕事はできない。自然と闇の仕事に手を染めるようになっていった。

米軍の兵士が一部の台湾人を優遇し、キャンプの食料品や物資を横流ししたことも、拍車をかけた。

彼らは戦時中は留学生だったり、軍隊にいたなど、似たような境遇の若者たちだった。

台湾人露天商が増えると、ごく自然に「我々は戦勝国だ」「四等国民の日本人とは違う」「ここを中国人の街にしよう！」という機運が高まり始めた。

このころ「中華民国自治青年団」が結成されている。急先鋒の若者たちが集まった。

台湾人の間に「中国軍が日本に進駐する」という情報《デマ》が出回った。喜んだ彼らは、渋谷一帯を台湾人租界にしようと考え、中華門を建てることにした。

このころ渋谷警察署の署長に任命されたのが土田精（のちの警視庁予備隊初代隊長）である。昭和20年12月5日の辞令だった。渋谷周辺では台湾人、そして関東松田組という暴力団の抗争が日に日に激しさを増し、暴力事件が多発。駅前の土地が不法に占拠され、地権者の権利が侵されている。これらの難問を解決するための抜擢人事だった。

強制撤去も妨害もないまま、中華門（凱旋門）は完成した。晴天白日旗がはためくもとで、自治青年団たちは祝杯を揚げた。

土田としては、当然これを黙って見過ごすわけにはいかない。4月21日深夜、署員を率いた土田は三個分隊を編成、青年団のすきをついて無事凱旋門を取り壊した。

予想通り青年団の激しい抗議があったが、土田は意にも解さなかった
闇市の禁制品取り締まりは定期的に行われていたが、台湾人たちはかえって反発。6月に警視庁が行った摘発では、押収品を略奪されるという事件が起きる。一触即発の危機に土田が駆け付けると、すでにGHQ、中華民国代表部が来ていて、有無を言わさず解散命令が下された。

警視庁も渋谷警察もすごすごと引き下がらざるを得ない。それだけ日本人の立場は弱かったのだ。

この月に入ると、新橋に新生マーケットを作った関東松田組と青年団たちの抗争は一層激しさを増すようになる。青年団が関東松田組の建設現場に乗り込み、死傷者がでるという事件が起きたと思えば、関東松田組が日本刀を持って台湾人が経営する喫茶店に乗り込み、台湾人50人と乱闘事件を起こしている。

警察やMP、他の有力な暴力団が周旋に乗り出したが、いずれも不調に終わった。

闇市を巡回していた土田は、自分の写真が台湾人の間に回されていることを知る。殺しのターゲットになっていたのだ。

そして2人の警官が台湾人の集団に拉致されるという事件が起きる。救出に向かったはずの警官20名も、150名以上の台湾人に囲まれて激しい暴行を受けるという始末だった。土

田が実力行使に踏み切ろうとしたとき、ＭＰ、中華民国代表、そしてＧＨＱの制服将校が現れた。解散を申し入れられたものの、土田にとってそれは屈辱でしかない。やっとのことでとらわれている警官を救出した。

救出はされたものの、２人の刑事は重傷を負っていた。激しい拷問を受け続け、少し時間がずれていたら命の保証はできなかったというすさまじさである。

台湾人たちには「戦勝国の自分たちに不当な扱いをするのは渋谷警察署だけだ」という恨みが染みついていた。

運命の７月19日。

この日、台湾人が３００人以上の人数を集めて拳銃で武装し、渋谷警察を襲撃するという情報が入った。渋谷警察の土田は、博徒の落合一家、暴力団武田組、愚連隊万年東一一派と連合隊を結成。他の警察署にも応援を要請し、警察署周辺には４００人近い警察官が待機した。

慈善服務団本部では、青年団の説得に努めていた。服務団の組合員の多くは穏健派だった。地域に根差し、地道に商売をしていたからである。

会長は青年団のやり方を批判し、外交ルートで解決すべきと主張した。これに対し青年団はあくまで渋谷警察署を叩き潰すべし、と主張する。話し合いは物別れに終わった。

青年団は19日10時から集会を行うことにした。集会には、手持ちの武器をできるだけ持ってくるようにとの指令も出された。

集会当日、時間前にすでに中華民国代表部の教育部長が来ていた。日頃台湾人の言うことに耳を貸さない代表部である。案の定、「絶対に暴力行為をしないように」と説得しようとしたが、熱気にうかされた彼らにとって、それは何の役にも立たなかった。青年団はもとより、穏健派の慈善服務団も代表部の言うことなど信用していなかったからだ。

16時から代表部主席の演説が始まった。代表部でもGHQから、何度も台湾人の凶暴化を指摘されていたのだった。18時過ぎ、代表部では彼らが説得に応じてくれたものと思い込み、解散を命じた。ここでいくつかのグループに分かれる。もちろん急先鋒の集団は、警察署襲撃をあきらめてはいなかった。

21時、台湾人のジープが先頭に立って渋谷警察署を通過、後続の3台目のトラックが警察署前を通過しようとしたとき、銃声が響く。土田のそばにいた芳賀巡査部長が倒れた（芳賀はその後死亡）。

ここで落合組が台湾人に向けて発砲を開始、運転手を撃たれたトラックは民家に突っ込み横転して炎上する。落合組や万年東一一派は抜刀して切り込み、そのすさまじさに台湾人たちは逃げまどうしかなかった。

やくざが命知らずなのは当たり前だが、しかもこの当時の彼らは復員兵上がりである。彼らは戦火をくぐり、修羅場をくぐってきた猛者たちなのだ。勝負は目に見えていた。

落合組はとらえた台湾人28人を警察に引き渡している。警察側の死者は芳賀一人、台湾人の死者は7名、重軽傷者34名。なお警察側の拳銃発砲者は土田を含め90名、発砲した実弾は245発だった。

事件はGHQの統制下におかれた。「占領目的を阻害した」という理由で台湾人41名が軍事裁判にかけられた。

中華民国政府にとって、日本に住む台湾人のことは、本音ではどうでもよかった。どうでもよいばかりか、南京では「戦争中は日本人に成りすました裏切り者」「助けることなどない」「日本人として勝手に処罰すればいいのだ」と、激しく糾弾していた。

しかし台湾統治がうまくいっていなかった中華民国政府は、この事件を最大限利用しようと試みる。

問題を複雑にしたのは、「台湾人の地位」である。中華民国政府はそれまで、台湾人の立場を明確にしてこなかった。中国人でもなければ、日本人でもない。まさに宙ぶらりんであった。GHQも、日本人と結婚しているもの、日本に定住しようとしているものについては明言を避けてきた。

裁判が開かれる少し前にアメリカ国務省と中国政府の話し合いが行われた。

「日本におけるすべての台湾人は帰還させる。ただし日本において既に合法的な生計を営んでいるものに対しては中国政府が適切な証明書を発行。また帰還を望まないもので中国政府からの証明書を持たないものは、日本の法律に従わなければならない」ようやく台湾人の立場が明確になった。

民国政府は、台湾人の軍事裁判の前に日本の警察官の処罰を要求した。GHQは、現在法務部にて検討中であり、犯罪性が立証できれば当然裁判を行うと回答。この件について、民国政府はあきらめることなく、何度もGHQにプレッシャーをかけ続けた。

判決はいたって穏便で、重労働を課せられるものもあったが、速やかに台湾に帰還すれば、刑の執行は猶予される。GHQが占領する限りにおいては日本に再入国はできないというものだった。民国政府は「不当判決」と抗議をしたが、台湾人の処遇に関心はなく、もっぱら日本の警察官への処罰が最大の関心事であった。

昭和22年1月。土田たち3人の警察官の軍事裁判が行われた。GHQ法務局長カーペンター大佐の配慮により、彼らにはアメリカ人の弁護士が付いた。そして1月24日、彼らに無罪判決が下りたのだった。

ほっとしたのもつかの間、民国政府は土田を南京で裁判にかける、身柄を引き渡せと言い出す。敗戦国の日本の警官に同胞を逮捕され、犯罪性を立証されたことが、メンツをつぶされたと感じたのだ。

しかしGHQは、「連合軍の軍事裁判で無罪になったものを、もう一度中国の軍事裁判にかけることはできない」とはねつける。これで一連の事件はやっと解決を見た。

しかし土田の首には当時の10万円、現在にすると5、6千万円の懸賞金がかかっていた。「芳賀は自分の身代わりになって撃たれた」と、土田は信じていた。狙われたのは自分だったのだ。

多くの犠牲者を出した台湾人たちは、慈善服務団主催の葬儀を行った。１０００人以上の会葬者が集まり、式後には抗議のデモを行ったという。しかし武闘派が激しいアジテーションを行ったものの、賛同するものはほとんどいなかった。

この事件終了後、警視庁および全国の警察も徐々に治安維持能力を回復し始める。また中華民国自治青年団も、主要メンバーが本国送還になったため、自然と解散になった。渋谷を中国租界にするという野望も消滅し、土地の不法占拠も徐々に解消。本来の街としての機能を取りもどしたのである。

裁判にかけられた自治青年団たちはほとんどが、17～25歳の若者だった。彼らのほとんどが高学歴であり、志を持って台湾から日本にやってきた青年たちである。

日本で差別に会い、終戦で国籍を失い、行き場を失った青年たちが、よりどころを「中国」に求めたのだ。凱旋門を作り、青天白日旗のもとに集まろうとした。

今まで台湾人の上に胡坐をかいていた日本の国に、自分たちの租界を作る。

そんな夢を描いたのだ。

彼らに対して民国政府は冷たかった。事件当日の総会では、代表部の首席は、「お前たち台湾人は、問題ばかり起こして中国政府を困らせている。お前たち台湾人のおかげで我々中国人は、台湾人も中国人も区別がつかないアメリカ人から、とんでもない野蛮人と思われている。我々中国人のメンツは丸つぶれだ。今後問題を起こしたら、絶対に中国国籍は与えない」と断言している。この言葉は、台湾人（内省人）と中国人（外省人）を明確に区別している。台湾人の若者たちにとって屈辱以外の何物でもなかっただろう。

事件がGHQの統制下におかれたのは、理由があった。第二次世界大戦後の欧州では、ソ連、イギリス、アメリカなどの利害が食い違い始め、政治的な駆け引きが激しくなっていた。いわゆる冷戦の始まりである。

極東では日本の降伏とともに比較的安定した占領が行われていたが、中国大陸では毛沢東率いる共産党と、蔣介石率いる国民党の共闘がうまくいかず、背後のソ連とアメリカもお互いに牽制をしていた。

したがって日本の治安が不安定になることは連合国内のバランスを崩すことになる。そういう意味でも日本の治安の安定は、アメリカ側にとって重要な意味合いを持った。

特に渋谷事件のように「中国人」が被害を受けるような事件が、事実が捻じ曲げられて海外に伝わると、宣伝材料として使われたり、誤解を受けることになる。

事実、台湾では学生たちによる抗議デモが起きていた。アメリカ政府が過度に神経をとがらせたのは、そのせいでもあった。

この当時の名残をとどめているのが、宇田川町に今でも何軒かある台湾料理屋である。当時、日本各地で同じような抗争が繰り返されていた。第三国人への治外法権と、日本の警察組織を弱体化させたツケである。

ＧＨＱもこれはまずいとすぐ気が付くのだが、対策は後手後手に回り、やっと翌年2月から第三国人にも日本の司法権が適用されるようになる。

戦争は、終わったところで「はい、明日から平和です」というわけにはいかない。特に敗戦国に、その負担と混乱は大きくのしかかる。

東欧では一般人がドイツ人に襲い掛かった。暴行、略奪、そして虐殺。プラハ郊外では40人以上ものドイツ民間人が虐殺され、その死体はトラックに踏みつぶされた。5月20日のことである。

ドイツではドイツ軍の将校兵士がライン河の湖畔に集められた。３４０万人以上という彼らは、野ざらしのまま放置されたのである。雨ざらし、風さらしのままに、ろくな食料もなかった。

「ジュネーブ条約を守るべきだ」と抗議したドイツ軍将校に、米軍の兵士は「お前らに人権はない」と言い放った。正義の味方、解放の旗手と言われた米軍の正体がこれである。米軍の兵士は、まるで家畜を追いやるようにドイツの軍人たちに鞭をふるった。そして８万人というドイツ兵が感染症に苦しみ、死んでいったのである。

ベルリンの、特にソ連軍が駐留した地区では略奪、暴行、婦女暴行が日常茶飯事だった。あまりのひどさに住民が抗議しても、もみ消された。

終戦当時ベルリンにいた女性たちに、何があったか聞いてはいけない、というのは、ドイツにおける常識である。

中国大陸の奥深くに取り残された日本軍の兵士たちは、勇敢だったために国府軍と八路軍との間で取り合いになった。彼らは終戦後も、戦い続けなければならなかったのだ。

何のために失われた命なのだろう。

戦争末期、すでに「日本が負ける」ということは、人々の間で密かに伝えられていた。「大学生の特攻隊員は、日本はもう負けると言っていました。だから彼らは不時着したり、飛行機が故障したとか言い訳をして、帰って来ていたんです」と正田恵はいう。敗戦が決まっているなら死にたくはない。そう考えるのは無理もない。誰だって命は惜しいのだ。

地方に住んでいた母も、知り合いの新聞記者から「日本はもうだめだ。この戦争は負ける」と、ずいぶん前から聞いていたという。

日本国内にも「負ける」とわかっていて、口にする人たちがいたのだ。まして東大の研究室の面々が、それを知らなかったわけはない。郭も当然、日本が負けることは予想していただろう。

焼け野原になった東京の街を見て、彼は何を思っただろうか。建築家としての彼のその時の思いは、今は知る由もない。

郭が日本に帰化したのは、仕事を続けたいというだけではなかったのかもしれない。台湾人の立場の不安定さ、中華民国政府から受ける不当な扱い。それらが郭の決心の後押しをしたのではないだろうか。

そして台湾が大国間の思惑の中でほんろうされ続けているのは、今も同じだ。

現在、裕福な台湾人は、台湾、日本の国籍だけではなくアメリカの国籍も持つ。三重国籍だ。それほど「国」というものを信用していないともいえる。

中華民国時代に仕事で日本に出張していたある男性は、日本滞在中に、祖国が中華人民共和国になってしまった。そして故郷には帰ることが出来なくなってしまったという。国というものは、盤石ではない。ある時いきなり失われてしまう。そのはかなさを一番よく知っているのは台湾人なのだ。

戦後台湾の置かれた国際的な地位の危うさ。国際的な場では「中華民国」でもなければ、「台湾」でもない。「チャイニーズタイペイ」を名乗らなければならない。

渋谷事件のおよそ半年後に、二二八事件がおこり、続いて白色テロ、戒厳令の時代がやってくる。強制送還された青年団のメンバーは、その後どのような人生を歩んだのだろうか。

日本人から差別を受け、戦後は中国人から差別を受ける。帰国した台湾で彼らが見たものは、言うに及ばない。彼らが渋谷の地で英雄として迎えようとしていた中国軍は、あさましいままでの残虐さで故郷を蹂躙していたのだ。

二二八事件が起きたとき、彼らはいったいどのように身を処したのだろう。果たして、決起した台湾人たちの中に、彼らはいたのだろうか。

＊「渋谷事件」を下敷きにしたのが、高倉健主演の「新網走番外地」(昭和43年、東映・マキノ雅弘監督)である。作品中、台湾人は「中国人」と呼ばれている。新橋の闇市の利権をめぐる日本のやくざと中国人たちの対立という点だけが同じで、ほかは大幅に話を変えている。

# 第五章　志は永遠に

## 玉子、そして永全の死

玉子は平成5年、60歳で定年を迎えた。それまではひたすら走り続けた人生である。「定年になったら少し仕事を控えて、ゆっくりしたいね」と家族と話していたものの、玉子には次々仕事が舞い込んできた。

日本の社会がいよいよ高齢化へと向かいだしたのも、追い風となった。福祉に注目し、学科を創設する大学が増えてきたのだ。国際慰労福祉大学や淑徳短期大学、聖クリストファー大学など、いくつもの大学から教授、講師の依頼があった。

「若い学生の意見は面白いね。切り口が全然違う。こっちも若返るようだわ」と玉子は楽しんでいた。

玉子が提唱し始めた「バリアフリー」「ユニバーサルデザイン」という考え方には、当初住宅メーカーでは反発よりも、困惑のほうが大きかったという。

「先生、これ、いったいどうやったらいいんですか?」

今まで誰も見たことも聞いたこともないモノをやる、戸惑いのほうが大きかった。だが高齢化社会に突き進む中で、ハウスメーカーも「困った」と言ってばかりはいられない。開発はどんどん進んでいった。

個人で介護を請け負うのはもう限界があると、介護保険法が制定されたのが平成10年。そ

林永全・玉子夫妻

して平成12年から介護保険制度が開始となった。

同時に一般住宅に関しても、手すりや段差のない造りは、もはや標準となっていた。導入当初、「手すりだなんて辛気くさい」と言っていたユーザーたちも、「手すりがあったほうが便利だね」と、意識が変わって来ていた。

このころ玉子は英会話に通ったり、エステ通いも始めている。送り迎えは永全や子供たちだった。

「今まで仕事や家族のために尽くしてきたのだから、少しは自分の楽しみも見つけたい」という、ささやかな玉子の趣味だった。

一方、永全は横峯設計事務所の顧

問を務め、中国工程師学会の役員として活躍していた。当時、古い建物の耐震設計が問題になり始めた時期でもあり、弁護士と一緒にマンションやビルなど、さまざまな建物の耐震構造を調べたりしていた。

これほどまでに優秀な2人だが、不思議なことに玉子も永全もメールを使うことはできなかった。これだけは、娘たちに手伝ってもらうしかなかった。

勉強熱心な2人は、よく学会にも連れ立って出かけて行った。日頃無口な永全だが、学会で持論を話し出すと、止まらない。持ち時間をオーバーしても話し続けることがよくあった。そんな永全を玉子は、いつも温かく見守っていた。

玉子が北欧に研修ツアーに行ったときのことである。列車で移動する際、ある女医さんと同じコンパートメントになった。夜寝ているとき、ドアーがすっと開く。男の手がぬっと入ってきた。

泥棒だ！

女医さんは気丈にも男の手をつかんで離さない。というか、むしろ恐怖でつかんだ手が離せなかったのだ。

玉子が必死に「離しなさい！　あなた、その手を離しなさい！」と叫ぶ。男たちは慌てて逃げていった。そう、ドアの向こうにもう一人いたのだ。

危機一髪で泥棒の襲撃から助かった玉子たちだった。欧州旅行では、こんなことが何度もあったという。

「お母さん、そんな危ない目にあってばかりで、もういい加減に海外旅行は辞めたら」と娘たちに心配されても、言うことを聞く玉子ではない。

旅行に出かけたからこそ、新しい情報を仕入れたり、刺激を得たりできるのだ。玉子は何歳になっても、好奇心でいっぱいだった。

台湾との仕事も増えていた。講演会や、台湾からの視察団を招いてのセミナー、各施設への見学会。時には姉の恵も通訳として駆り出されていた。

玉子の両親は2人とも長寿だった。父呈祥は晩年ほとんど目が見えなくなっていたが、蘭を集めるという趣味を見出し、その香りを楽しんでいた。

「おじいちゃんは若いころは無口だったけど、最近はよく話すようになったよね」

若いときは無口で、子供たちとの接点がほとんどなかった呈祥だが、晩年はおしゃべりになり、家族が集まったときには本当にうれしい、という気持ちを隠さなかったという。どんなことでも心の底から喜んでくれる、かわいらしいおじいちゃまとなっていた。

母は相変わらずしっかり者で、87歳になるまで月に一度は台北に行き、婦人会で活動していた。帰りには必ず新しい洋服を買ってくる。

女性の美しい眉を柳眉《りゅうび》というが、石満は美しくカーブを描いた眉が自慢だった。寝込んでからはいちいち書くのが面倒だと、お気に入りの形に刺青をしていた。

いつもたくさんの友達に囲まれ、頼りにされていた母が、一度だけ弱音を吐いたことがある。台湾の実家に戻った玉子に、「私のことは誰も労わってくれない」と、ぽつりともらしたのだった。

「お母さんがそんなことを言うなんて」

いつも我慢強くてしっかり者だった母のその言葉に、玉子は胸が衝かれる思いがした。それでも最後に入院した時にも、自分の足で歩いて行ったという気丈な人だった。

亡くなった後、石満の部屋には、娘や嫁、孫たちに上げる宝石袋が残してあった。一人ひとりにふさわしいものを選ぶことも、石満にとっては楽しい時間だったに違いない。

その宝石を見たとき、玉子は改めて母の強い愛を感じた。

「私は遠い日本に離れていて、両親のお世話ができなかった。寂しいと思ったこともあったけれども、仕事を見てもらうことで少しは恩返しできたかもしれない」

何よりも玉子は、日本と台湾の懸け橋になるような仕事をやってのけていたのだ。それは呈祥と石満にとっても、誇りだった。

忙しい毎日を送る玉子だったが、ある朝、急ぐあまりマンションの入り口で転んでしまったことがあった。激しい痛みに、「もしかしたら」と思うと、案の定骨折していた。

入院生活を余儀なくされ、その後しばらくは車いすの生活だった。だが車いすでも動けるようになれば、講演や授業に出かけていくのが玉子だ。

「今の日本の街を車いすで歩くとどうなるか、自分の身体で確かめよう」と地方の講演会に出かけている。

一流ホテルにさえ、多目的トイレが設置されていないではないか。「まだまだ私の仕事は残っている」と思う玉子だった。

実は玉子は定年前に、肝炎を起こして入院していたことがある。若い時の手術の置き土産だった。輸血で感染した可能性が高かった。

しばらく入院してインターフェロン治療を受けた。退院後は悦子が気をつけて、玄米療法を始めた。

「こんなまずいもの、食べたくない」といって、玄米を嫌った玉子だったが、悦子の説得に負けて、しぶしぶ食べ続けた。

すると、「あら、ちゃんと噛んで食べるとおいしいじゃないの」と気づく。おまけにダイエット効果もあって、悦子に感謝したという。

その後、玉子は家の中でも転び、介護認定を受けることになった。ヘルパーが週2回通い、掃除をしたり食事を作ったりする。

「人が作ってくれたご飯はおいしいねえ」と言って、玉子は喜んだ。

長年酷使した玉子の身体は、そろそろ限界に近付きつつあった。肝炎とも戦い、数度のケガ。

「そろそろ仕事は辞めたほうがいいんじゃない？」という娘たちの心配も、玉子は聞き入れなかった。

「どうせ障碍がある身体だもの、長く生きることはできない。だったら太く短く生きたほうがいい」

玉子らしい考えだ。こういわれると、家族ももう何も言えなかった。

そしてついにその日は来た。

「明日の授業の準備をするから」といって、部屋に入った玉子が、いつまでも出てこない。心配した永全が見に行くと、そこには倒れた玉子の姿があった。脳内出血したのだ。

予兆はあった、と悦子は言う。

「その直前に韓国で母の本を出すという話が合って、打合せと講演に行ったんです。講演の途中で、言葉が出てこなくなって……。今思えばあれがサインだったのかもしれませんが……」

長女の文子が帰ってきたのは深夜1時を過ぎていた。家に入ると、真っ暗な部屋の中で、永全が玉子を抱きかかえたまま、うずくまっている。

「パパ、どうしたの?!」、驚いて声をかけると、永全は「ママが……」と言ったまま、言葉が続かない。

急いで救急車を呼んだが、運び込まれた病院で死亡が確認された。75歳の人生だった。

「玉ちゃんの死に顔は、きれいでしたよ。生きているとき、あれほど苦労したんですもの。

長く寝付いたりしないで、あっという間に逝ってしまったことが、むしろ良かったんです」と、姉の恵は言った。

死に化粧は恵が施した。

いきなりの死に、家族は茫然としていた。

恵が荻窪の台湾教会から長老を招き、マンションの集会所で葬式が行われた。

あふれるほどに花を飾った会場には、学生や大学関係者、玉子が関わった施設の職員など、数多くの人たちが参列した。

最後に永全のバイオリン、悦子が二胡で「アメイジンググレイス」を演奏して玉子を見送った。

「亡くなってすぐは、哀しいとか思うことはなかった。でもしばらくしたら、けんか相手がいなくなったのが無性に寂しくてね」と、恵は言う。年を取ったら2人で暮らそう、とも言っていた、仲良しの妹、玉子。

「実はこの間、玉ちゃんの夢を見たんです。赤い素敵なコートを着ていてね、『あら、それ私のじゃないの？』と言ったら、『違うわよ、私のよ』と笑って、向こうへ行ってしまった」

向こうの世界に行った後も、玉子はおしゃれだった。

永全は玉子亡き後も、持病の糖尿病や心臓病とうまく付き合いつつ、仕事と趣味を楽しんでいた。

市民オーケストラでの永全は、最高齢の演奏者だった。相談役という役職にもつき、素敵なおじさまとして、若い会員たちからも人気者だった。

ロマンスグレイの紳士だったと玉子が語った、永全の父と面影が重なる。

無口な永全は、ほとんど玉子の話はしなかったけれども、しかし半身をもぎ取られた気持ちは続いていただろう。次第に体の不調を訴えるようになった。

坂道を上ることが難しくなってきたのだ。

「父は食べることが好きでしたからね。コージーコーナーのケーキに凝っていたこともあるし、ケンタッキーも好きだった。ウナギも好き。好きなものは家族と食べようって、お土産に買ってくるのですぐわかるんです。脂っこいものや、甘いものが好きだった。糖尿病になるのも仕方ない」（文子）

2度の入院生活でも、何事もなく退院してきたが、3度目には予兆もなく容体が急変した。

「パパは多分、自分が死ぬなんて思っていなかったと思うんです。それくらい急だった」（悦子）

コロナ禍の直前だった。身体の具合が悪くなるのを自覚した永全は、すでに中国工程師学会からは身を引いていた。やめたのちは台湾の仕事仲間にも一切連絡はしないという潔さだった。

葬式は身内のみで行った。身内以外では、工程師学会で理事を務めた、同じ華僑の林国安が参加している。

　享年84歳。玉子が亡くなってちょうど10年だった。

「玉ちゃんがね」、と恵が話し出した。

「夜に職場から帰ろうとしたとき、出たところで転んだんですって。雨が降っていて、寒い夜だったって言っていました。杖を取ろうにも取れない。起き上がるに起き上がれないし、通りかかる人もいない。

　だんだん身体は冷えてくるし、もしかしたらこのまま死ぬかもしれないなあ……、と思ったことがあるんですって」

　でもね、と恵は続けた。

「そんな時でも、信仰があれば怖くない。誰もいなくても、いつも神様はそばにいてくださる。そう思えば強くなれる」

　運よく通りかかった人がいたので、玉子は助けてもらうことが出来た。

「そんな話、聞いたことない」と悦子が驚くと、

「知らないでしょうね。玉ちゃんはああいう身体だったから、うんと辛いことがたくさんあったと思いますよ。永全さんにも、子供にも言えない。でも、神様がいたから頑張れた。

　確かに玉ちゃんはきつい人だった。でも信仰がなければ、きついだけではあれだけの仕事は成し遂げられませんよ」（恵）

激動の昭和を生き、平成を駆け抜けた林夫妻。玉子は確かに優秀でエネルギッシュな女性だった。だがその才能を十分に生かせたのは、永全と言う懐の大きい男性の支えがあってのことだ。「結婚はしない」と決めていた玉子だったけれども、日本という異郷の地で活躍するには、永全がいてこそだった。

母石満と呈祥との関係もそうだった。女性が才能を思うさま発揮できるのは、彼女の個性を十分に理解した伴侶あってのことなのだ。

巨人、郭茂林は平成24年、急性腎不全で亡くなっている。仕事を愛し、人を愛し、周りの人たちから愛された人生だった。

日本の社会を変え、日本人の生活を変えた台湾人建築家たち。その業績は、あまりにも大きい。

## 玉子が遺したもの

私の母は平成6年と17年の2回、脳梗塞の発作を起こした。2回目は、介護保険があるおかげでずいぶん助かった。同居のために建て替えた家も、ユニバーサル仕様だったので、車いすになった母も生活がしやすかったと思う。

かつてどの道にもそびえたっていた歩道橋も、撤去されて久しい。車優先、人間は後回しということが露骨にわかるのが歩道橋だった。

戦後の日本の社会は、弱者切り捨て、効率第一主義で突き進んできた。それに一石を投じたのが超高層ビルの建設だった。だが町の造りは依然として弱者にやさしいものではなかった。

都心は働く人たちだけが集まるところ、子育てママや高齢者がくるところではない、そんな雰囲気があった。だが現在、都心のしゃれたカフェでは子連れママたちがランチやお茶を楽しむ風景が、ごく当たり前のように見られる。

今ではどんな駅でもエスカレーターがついているが、問題はエレベーターだった。かつては駅の端っこに申し訳程度にあったエレベーターが、どんどんホームの真ん中にできるようになった。特にバギーで移動する子育て世代にはありがたい。

だがここでも日本人特有の問題がある。

体格のいい男性たちが、高齢者やバギーで待つママたちを押しのけて、当然のように乗り込んでいくのだ。

そして車いすのインフルエンサーが炎上した。エレベーターに乗ろうとしても無視され、次々追い越されていく。1度や2度のことではない。たまりかねて、その様子を動画にとった。それが非難されたのだ。

「今日も今日とて抜かされた。エレベーターほんっと嫌い。これ、昨日の映像じゃないからね。毎日毎日これなの」

「譲ってほしい」と声をかけても怒鳴られたり、嫌がらせをされたこともあるという。

健常者はエレベーターに乗らずとも、エスカレーターもあるし階段もある。車いすやバギーの人たちには、エレベーター以外の選択肢はないのだ。

「同情集め」「お前らのような弱者のために税金納めているんじゃねえんだ」「障碍者は健常者に多大な迷惑をかけていることを自覚すべき」

恥ずかしくなるような罵詈雑言である。しかも彼女の派手なファッションをなじるような書き込みまであった。

障碍者はおしゃれを楽しんではいけないというのか？

地味な格好をして目立たないように、社会のお世話になっている分際を忘れないようにしなければならないというのだろうか。

先日も電車の優先席に、男子中学生3人が座っているのを見た。目の前に子連れのママや高齢者がいるのに、平然として座り続けている。正直、世界でもまれな光景だろう。

台湾に行ったとき、混んでいる列車では、夫も私も若い人たちに席を譲ってもらったことが何度もある。新幹線では、正規のチケットを持っている若い2人連れの女性たちが、自分たちの席に高齢者が座っているのを見て、そのまま譲っていた。

マナーが悪いと日本人が馬鹿にする中国人のカップルが、都内で高齢者に席を譲るのを見たこともある。明らかに中華圏の人たちのほうが、弱者に対する思いやりが、日本人よりも強い。

　ハード面が整ったにしても、使う人の心が伴わなければ機能しない。仏作って魂入れずとは、このことだ。

　とはいえ、インフルエンサーをバッシングする連中を批判する人たちも多くいるのを見ると、まだまだ日本も捨てたものではないと思う。偏見に負けず、発信し続ける重要さを彼女は教えてくれたのだ。

　甲子園で１０７年ぶり、２回目の優勝を遂げた慶應義塾高校。長髪ＯＫ、自由な練習が話題になった。そればかりではない、昨年春に知的障碍者の高校野球選手の集まりである、「甲子園夢プロジェクト」と合同練習を行っている。知的障碍があっても野球を通して生きる自信をつけたくましく成長していくということが活動の趣旨である。

　あらかじめリモートで、知的障碍についての説明会を実施。練習会に参加する二年生は全員参加した。実際の打撃練習や守備練習ではしっかり相手をサポートし、最後は「同じ野球をする仲間」となっていたという。

　練習後、塾高の選手たちが書いたレポートには、「優しくしなければと思っていたけれど、今回の交流で普通の友達のような関係でいることがひいても自分も幸せになれると感じた」「障碍がある人への隔たりがなくなった。今後は積極的に関わりたい」「一言で障碍があると括られている人の中でもいろいろな人がいて、多種多様なのだと感じた」。（慶應高校野球部、髪型だけじゃない「圧倒的教育の質」何事にも本腰を入れて取り組む生徒の姿勢・東洋経済オンライン・広尾晃・8月25日配信）

このような教育がごく普通に行われる世の中になれば、町中で車いすを見かけたとき、白い杖を突いている人を見たとき、おのずと寄り添うことが出来る人間が増えるだろう。

障碍者と言っても、ひとくくりにはできない、様々な人がいると塾校の生徒は気づく。しかし介護用品は相変わらず不愛想で実用一辺倒。お洒落の「お」の字もない。

それに満足できず、お洒落な下肢装具を作った女性がいる。

布施田祥子。

第一子を出産後、数日で大動脈血栓症と脳内出血を起こし、左手足にまひが残った。徐々に潰瘍性大腸炎が悪化、大腸を全摘し、人工肛門となった。

手足にまひが残った布施田は、下肢装具を付けないと歩けなくなった。が、障碍者向けの靴は機能性重視優先で、おしゃれなデザインのものはない。１００足以上のコレクションを持ち、洋服に合わせて靴を選ぶ、というほど靴にはこだわって来た布施田である。

「履きたい靴がなければ、私が作ろう」そう考えて起業、会社を立ち上げ、独自のブランドを作った。MANA'olana（マナオラナ）というブランド名はハワイ語で、「自信、希望、期待」を意味する。靴のデザインは布施田自身が行った。

しかし協力してくれるメーカー探しは難航した。健常者用の靴を作っているメーカーにはほとんど断られた。

「前例がない」というのは、日本企業の断りの決まり文句だ。

だがそんな中、家族経営の会社だけが引き受けてくれることになった。地道な努力が実を結び、今では4社が協力している。

「歩くって、社会とかかわることなんですよ。新しい靴を買ったから、ちょっとお出かけしてみよう。外でお茶するだけでもいい、人と会うことも刺激になります」（布施田）

歩くということは、健康の基本だ。足が不自由だと、出かけるのがおっくうになる。そしてますます機能が衰えていく。

布施田の作った靴を見て、「こんな靴が履きたかった」と泣く人がいる。機能重視のそっけないものしかない、という世界から、選べること、選択肢があるということを知る。

マナオラナのコンセプトは「CHOOSE YOUR LIFE」。つまり「自分で選ぶ、自分らしく装う」。障碍者だから、これしかない。そんな決めつけから抜け出そう。

それこそが障碍者にとっての「希望」であり、「期待」につながることになる。

月2回の試着会には、全国から「試してみたい」という人たちがやってくる。どんな障碍にも適応できるわけではないので、履けない人も出てくる。しかしそれでも、「あなたの靴があることが、私の希望だから」と言う人たちがいる。

認知症の女性に化粧を施し、ヘアを整えると顔色が良くなり、症状も軽減されるという例もある。身なりを整えることは決して贅沢なことではない。その人らしく生きていくために、不可欠なものなのだ。

現在布施田はNPO「ピープルデザイン研究所」の理事としても活動している。

布施田たちが提唱する「超福祉」。それは従来の「弱者救済」の福祉ではない。障碍者をゼロ以下の「支援が必要なかわいそうな人たち」という位置づけから、健常者からも「カッコいい、やばい」と憧れられるような社会。

健常者、障碍者という垣根を取り去り、お互いがフラットな関係から始めていく。「心のバリアフリー」こそが、これからの社会に必要なものなのだ。

埼玉県浦和市の福祉ネットワークさくらの創業者小川志津子（故人）は、生前の玉子と深い交流があった人だ。3年前に80歳で亡くなるまで、私財を投じて運営を続けた。

実母の介護と市議会議員という立場から、老人問題に取り組んでいた小川は、全国60か所以上の老人ホームを視察した。視察は海外にまで及ぶ。日本と海外の施設を比べた結果、「日本の施設では、私の老後は面白くなさそう。だったら自分で作ろう」と思い立った。

「元気なうちからお互いに支えあい、寝たきりは作らない」というコンセプトのもと、小川は自立型のグループリビングを立ち上げた（平成3年）。

民間企業が介護に乗り出す例もなく、国がやって当たり前という空気の中、周囲からは冷やかな目で見られることも多かった。

65歳から85歳まで。元気な人が住むホームは、日本では初めてという画期的なものだった。そのころの老人ホームは、入所すれば手取り足取り、できることも職員がやってしまうので、高齢者たちはすぐに動けなくなり、寝たきりになってしまう原因ともなっていた。

小川はそれぞれに役目を割り振り、自分が今ここにいる意味を持ってもらうように心がけた。できることは、自分でやる。みんなの役に立っているという自負を持つ。

人間としての尊厳を大事に考えたのだ。

現在では当たり前な「介護予防」の考えを、この当時から実現している小川の先見の明は確かなものだ。玉子と気が合ったということもよくわかる。悦子を連れてよく小川のホームを尋ね、意見を交換していた。

「立ち上げて10年くらいはよかったんです」というのは、小川の後を継いでネットワークの代表を務める娘の横山由紀子である。

「入居者たちで旅行したり、イベントしたり、楽しく過ごしていました。ところが10年たてば、徐々に衰えが進んでいく。それも人によって違うし、年代も違う。それぞれ状況が違う入居者に対応するのは大変でした」

毎月の赤字は80万円、年にすると1000万円ほどになる。その赤字を補填したのは小川の議員年金からだった。

議員を引退した後、小川の老化は一気に進んだ。横山は借金ごとネットワークを引き受けることになる。入居者を一人ひとり看取ったのち、小川もホームに入った。

横山の家族が住むのは神奈川である。まだ保育園の子供たち3人を抱えながら、夫は仕事で手助けはできない状態だった。当然、保育園のお迎えはできない。

地域のママ友たちに助けられながら、また土日はそのママ友たちの子供を預かるなど、助け合ってなんとか事業を続けた。

と同時に事業の一新を図った。小川の活動の支持者たちからは「2代目は金の亡者」「もうけ主義」と批判されたが、借金でつぶれて運営ができなくなったら、困るのは誰か。利用者たちなのである。

現在、さくらが提供するサービスは、大きく分けて高齢者向けの「居宅介護支援」「通所サービス」、障碍者向けとして「相談支援」「障碍者総合支援」「通所支援サービス（放課後デイサービス）」である。

障碍者向けの事業を行うのは、障碍者を持った親たちが高齢化し、悲惨な状況になっているのを見るに見かねてのことだった。

さくらでは武蔵浦和の「アプラノス」のパティシエ朝田晋平の監修を受けた焼き菓子を販売している。朝田が納得するまで半年ほどの時間をかけている。

朝田は有名なパティシエで、「マツコの知らない世界」やＮＨＫＢＳなど、テレビでも取り上げられるほどの実力の持ち主だ。その監修だから、おいしくないはずがない。

埼玉県の「渋沢栄一ビジネス大賞」を受けたクッキーは、飯能のムーミンバレーパークから声がかかり、販売することになった。

「賞を受賞するのも作戦のうちです。目立てば声がかかる。事業の幅が広がります」

経済的に成り立たなければ活動を続けることが出来ない。小川のように議員年金という後ろ盾がない横山にとっては、採算が合うということも重要なのだ。

そしてそれ以上に大切なのが、働く障碍者達の世界が広がるということだ。施設の中だけでお菓子を売るのではない、自分たちが作ったお菓子がムーミンバレーパークという一流のテーマパークで販売されるということは、大きな自信となり、やりがいにつながる。

私たちは社会の余計なものではない、必要とされているのだという自負が生まれる。それは玉子の理念そのものなのだ。

次に横山が目指しているのは、ピザ屋の開店だ。これには若年性認知症の人たちにもスタッフとして入ってもらう。

さくらのそばには目立った飲食店がない。横山のことだから、味にはこだわるに違いないし、繁盛すること間違いなしだ。

「さくらの活動範囲は、半径2キロなんです。このエリアの中で活動していく」

たった2キロという人もいるかもしれない。けれどもその中身は凝縮されている。

年をとっても障碍を持っていても、「私らしく生きる」。その当たり前のことが、実現しつつある社会になってきた。玉子が提唱していたことが、若い布施田や横山たちに受け継がれていく。

やっと社会が玉子に追いついてきたのだ。

## 「伝統」とは何か

例えば50年前に「日本人は着物を着なくなる」と言ったら、頭がおかしい人と言われただろう。同じく50年前に「日本の家から畳がなくなる」と言ったら、やはりその人はおかしな人と笑われただろう。

しかし現在、日本人は着物を着なくなるどころか、自分で着物を着ることもできなくなってしまった。個人の住宅で畳のある部屋が一つでもあればいいほう、一部屋もない家もある。

戦後激しく変わった日本の社会の中で、当然の如く衣食住も変わっていった。

いくら玉子が「バリアフリー」「ユニバーサルデザイン」を主張したところで、日本の社会にそれを受け入れる土壌がなければ実現しなかった。高齢化社会が後押ししただけではない、ほかの要素もあったはずである。

戦後の住宅史を簡単にひも解いてみよう。

戦後の急激な人口増に、日本政府は頭を抱えていた。戦地からの復員、仕事を求めて首都圏に集中する人々。ベビーブーム到来により、日本の人口は膨れ上がるばかりだった。国民に衣食住を提供するのが政府の役目である。住宅の面では、「公団」という形で人々に住まいを提供しようということになった。

昭和30年から40年にかけて、大規模な都市開発を行い、主に首都圏に働くサラリーマン層に向けて住まいを提供したのである。

住宅の広さはだいたい12～15坪、夫婦と子供2人を想定した家族用である。現在、理想の家庭として思い浮かぶ家族の像はこの時に作られたといっていい。

それまでは明治以来の「産めよ増やせよ」の号令で、ひと世帯4～8人くらいの子供を産んでいた日本人は、「明るい家族計画」の名のもと、産児制限という言葉を初めて知った。これ以上人口が増えてはかなわんと、政府は人口抑制に乗り出したのだ。

全国に先駆けて造られた公団住宅、東京郊外の「ひばりが丘団地」のプロモーション映画も作られている。6畳のダイニングキッチン、5畳半の二間が続く。新婚夫婦が明るい文化的な生活を営んでいる風景が、「理想」として紹介された。

このひばりが丘団地には、昭和35年、当時の皇太子殿下ご夫妻もいらして、アピールに一役買っている。

今から見ればずいぶん狭いが、この当時庶民の住まいと言えば、6畳一間に親子4人、6

人がすし詰めで、台所やトイレは共同、風呂は銭湯というのが一般的だった。そんな庶民から見れば、夢のようなライフスタイルだったのである。

サラリーマン月収の役4割という高い賃貸料にもかかわらず、モダンな生活を夢見る若い夫婦からの申し込みが殺到、かなりの倍率となった。またこの高い賃貸料を払うために、共稼ぎになる世帯が増えた。

うたい文句は何と言っても、ダイニングキッチンだ。南向きの窓に面した開放的なダイニングキッチン。ピカピカのステンレスの流し台の使いやすさ。

これは当時の若い女性たちのあこがれの的だった。

それまでの日本の台所は土間、しかも普通の部屋よりも一段低くなっていて、陽の光も差さない薄暗い中で主婦たちは働いていたのだった。

そのころ農村では、各戸が毎月少しずつの金を貯金していた。その金がたまったら、回り持ちで家の修理をするのだ。一軒ではできないことも、村でまとまればできる。

こうして、ある家ではとうとう台所に窓が付いた。ガラス窓からさんさんと入る日の光を浴び、この家の主婦は心の底から笑みをこぼす。明るくなった台所では、働く母親のそばで子供たちが宿題をする。

明るい台所は、いうまでもなく女性の地位、主婦の地位の向上が目的だった。主導したのは、女性初めての建築家と言われた浜口ミホである。

大連の官舎で育ち、イギリス式の生活様式に慣れていたミホにとって、日本の暗い台所や主婦の暮らしぶりは、衝撃的だったに違いない。

彼女は「日本家屋の封建制」という本を上梓している。家父長制に基づいた家の間取り、生活への批判だ。

この公団住宅の造りについて、日本伝統の床の間や仏壇、神棚を廃したという批判もある。だが公団住宅のこの広さで、床の間や仏壇が置けるだろうか。あったらその空間を収納に使いたい。

地方出身のサラリーマンにとって、仏壇は実家にあるものだった。都会に出て会社員になるのは次男以下で、長男はまだ田舎の家を守っている時代である。

父の実家は新潟の地主だった。長男だけは当主（父親）と一緒に座敷で食事をする。次男以下は、妻も娘たちも奉公人と一緒に、台所（土間）に接した板敷きの部屋で食べる。

これが、浜口が批判した「封建制」だった。

ダイニングキッチンは、それまで「家」の中心は当主、つまり男性だったものを、女性が営む「家庭」に変えたのだ。

そして、このダイニングキッチンのもとになったのが、郭茂林のスケッチだったのである。

吉武が思いつき、郭が図面に起こしたものだった。

浜口ミホは東京女子高等師範学校卒（現お茶の水女子大学）、東京帝国大学建築科の聴講生となり、その後前川国男の研究室に入る。

前川国男は岸田日出刀の門下である。岸田に見せられたル・コルビジェの作品集に触発され渡欧。コルビジェ最初の日本人の弟子となる（昭和3年）。昭和5年、帰国してからは東京レーモンド建築事務所に入り、アンドニン・レーモンドに師事する。

郭は前川を深く尊敬し、プライベートでも家族ぐるみで交流があった。前川の家を訪ねると、郭と夫人は前川とレコードを聴き、息子の純は前川夫人と話し込む。

「純がなかなか結婚しない」と郭がこぼすと、前川がセッティングして、事務所の女性と純が、東京文化会館の音楽会に行く、などということもあった（東京文化会館は前川の代表作）。

その流れで、浜口が郭のスケッチを生かし、公団のダイニングキッチンとして実用化したのだ。

かつて「ウサギ小屋」と揶揄された日本の住宅の狭さだが、実は元をたどれば第一世界大戦後のドイツを中心とした欧州の「生活最小限住宅」の運動に見ることが出来る。

アメリカにまで広まったこの運動は、第2回CIAM近代建築国際会議でも話題になった。前川はコルビジェの事務所から、この会議に出席している。

この運動は東大の中で大いに盛り上がった。生活最小限住宅の中で試みられたのが「ヴォーンキュッヘ」（ヴォーン＝居間とキュッヘ＝台所を合体させた言葉）である。日本では昭和5年ごろに紹介されている。

戦後、ドイツは敗戦国ということで、英語のリビングキッチンに置き換えられていく。これら様々な事情が組み合わさって、昭和30年に日本住宅公団ができたとき、浜口がダイニングキッチンとして完成、世の中に普及させたのだ。

だが平成を経て令和の時代ともなり、この当時建てた公団は、もはや人々のニーズには合わなくなってきた。

従来の部屋を現代風にリノベーションして使いやすくしている公団もあれば、ひばりが丘のように大幅に建て替えている公団（現ＵＲ都市機構）もある。

名称も「ひばりが丘団地」から、「ひばりが丘パークヒルズ」と改名。ＵＲの建物と民間業者が開発した建物が混在する形で整備されている。

かつて4階建てと2階建てだった団地の建物は、高層化することで広大な土地が生まれた。そこに高齢者や子育て支援をする公共公益施設を誘致。約7Haの土地には民間業者が住宅を整備した。

エリア全体の価値を高めるためにＵＲと連携・協議しながら開発を進める民間業者を募ったのだ。

ライフスタイルやライフステージに合わせて選択できる広さや間取りの住宅は１５０４戸。ペット共生の住宅も一棟ある。

今までの画一化された住宅ではなく、それぞれの個人のニーズに合わせた住まいが提供されているということも、大きな変化だ。

一方でひばりが丘団地建設当時の建物も残している。リノベーションしてカフェやコミュニティースペースなどのシェアスペースになっている。

皇太子殿下ご夫妻が来訪された74号棟は現在も残され、1階は団地の情報センターとなっている。

公団は発足当時から、建物を建てるだけではなく、住民のコミュニティも育つよう、工夫がなされてきている。これは住民生活の快適さのみならず、治安のためにも大切なことだ。

ひばりが丘パークヒルズはその点でもうまく回っている。住民主体のエリアマネジメントが組織され、さまざまなイベントを企画している。

日本の住宅が欧米化したのは、バリアフリーを取り入れたからだけではない。一時期問題になった工務店による欠陥住宅の被害や、アレルギーの子供たちが増えたことも大きい。

生活様式が激変し、畳敷きの部屋がなくなったことによって、日本の子供たちは正座を知らずに育つ子が増えた。柔道や剣道、茶道などの和のお稽古事では、まず正座から教えなければならない。昭和の常識は、もはや通用しない世の中になったのだ。

意外なことに、玉子は日本の住宅を完全否定しているわけではない。

「欧州の住宅は厳しい自然と対峙しているけれども、日本の住宅は自然を受け入れるやさしさがある」と感じていた。

玉子が紹介する家の一つに、玄関が土間で、上がりかまちに45センチの高さを設けている住宅がある。あれほど玉子を苦しめた上がりかまちを、なぜ理想の家として紹介しているのか。

この家があるのは雪深い地方なので、ふらっと立ち寄った近所の人が、長靴を脱がずにそのまま話し込むことが出来るようになっているのだ。その向こうには囲炉裏があって、しゅんしゅんとお湯が沸き、いつでも熱いお茶を出せるようになっている。

日本の住宅は、本来隣近所に開かれていた。人と人とのつながりも優しい。玉子はそれを大事にしたのだ。

浜口が活躍したころ、建築の世界では「奥さん回り」という言葉が使われていた。主婦の動線、という意味だ。

だが今の日本では共稼ぎが主となり、家事をするのは「奥さん」だけではない。家族のだれもが家事をする。また単身世帯も増えている。

単身世帯なら、台所スペースを削ってでも広く使いたい。電子レンジとお湯さえ沸かせれば用は足りる。ということも出てくるだろう。

最近の大学の建築科では、生まれてからずっとマンション暮らしだったため、一軒家の設計ができないという学生も増えているという。

そんな彼らでも、畳の香りを懐かしく思うこともあるかもしれない。時代は変わる。人々の生活スタイルも変わる。

しかし変わらないものもある。

例えば仏壇は、今の住宅事情に合わせたコンパクトでかわいらしいものが主流になっている。そして神棚も、壁面に取り付けるお洒落なタイプが出てきている。若い人たちに人気だ。「おじいちゃんは、仏壇とお墓、どっちにいるの?」と尋ねられた若い母親が、「仏壇はタブレット、お墓はデスクトップ。おじいちゃんはクラウドに入っている。さあ、これからデスクトップの更新に行くよ!」と、お墓参りに出かけたというツイートがあった。

世の中の動きはどんどん加速化していっている。生活様式も変わっていかざるを得ないのだ。

伝統とは、一朝一夕に失われるようなやわなものではない。生活様式が変わり、人の考えが変わっても形を変えて生き延びていく。

若い人たちがかわいらしい仏壇を大切にし、スタイリッシュな壁掛け神棚を拝む。そのこころさえあれば、十分ではないか。

## そして未来へ

戦後の台湾人の変わりようにショックを受けた湾生の竹中信子だったが、日本に帰国してまもなく、それもやむを得なかったことと、納得したのだった。

日本では労働者も農夫も、みな日本人である。台湾では労働者は台湾人だった。日本人は肉体労働をせず、台湾人の上に立つのが当たり前と思っていたことに気づいたのだ。

特に蘇澳の場合は、「蘇澳漁民スパイ事件」という捏造された事件があった。10人以上の台湾人漁民（日本人が含まれるとの説もあり）が軍法会議によって処刑されていた。これは日本の新聞でも、「捏造事件」として糾弾の記事が書かれている。

ために、住民の怒りに火が付いた。先頭に立ったのは日本名「浜崎」という台湾人、陳火土である。

彼は親日家として知られ、蘇澳では日本名改名第一号だったし、子供も日本人が通う小学校に通わせていた。その彼が、豹変したのである。

彼に引きずり出されて激しい暴力を振るわれたのは、日本人だけではない。住民からの信頼が厚い台湾人医師も、親日家というだけで制裁を受けている。

暴力を受けた日本人の中には、「戦争には負けたが、大和魂は失わない」と、毅然としていた男性もいたという。

陳は暴力をふるうだけではなく、貴重な重油の支給を独占し、現物支給と引き換えに魚の販売権を得た。莫大な利益を上げながら、日本人漁民には代金を渡さず、引き上げ時には隠れてしまった。そのため1人1000円の所持金を用意することが出来なかった日本人漁民は多数に上った。
この陳は、国民党からにらまれて日本に逃げ込んだものの、のちに国民党の議員になっている。

「国民党　陳火土」で検索したら、「台湾現代政治と派閥主義」（陳明通著・東洋経済新報社）に名前が出ていた。

悪党もここまでくれば立派というか、スケールが違いすぎて笑うしかない。ただこれは、例外的人物というべきだろう。

日本に引き揚げたとき、船上から島影を見て、「あれが日本だ」と教えてもらった信子だが、「どうとも思いようがありませんでした」という。

台湾で生まれ、台湾で生き、台湾で死ぬ。それが自分の人生だと思っていた。今初めて日本を見ても、何の感慨もない。

思いは台湾に残してきた。戦後台湾と日本を何度も行き来している間、「私の中では台湾と日本の区別はなくなっていきました」という。

「台湾は2番目の故郷ですか」、ジャーナリストの野島剛に尋ねられて、信子は答えた。

「1番目はない、2番目の故郷が台湾」

信子は映画「湾生回家」（平成27年）に出演、台湾全土で16万人が見るという空前のヒット作になった。続いて3年後にはドキュメンタリー映画「心の故郷《ふるさと》～ある湾生の歩いてきた道」

（林雅行監督）にも出演。日台の懸け橋として、講演活動や執筆をつづけている。

日本画家の土光洋子（88歳）もまた、湾生である。その体験を「台湾、80歳から学んだ故郷」（New York Art）に書き記している。父加寿男は拓務省の「理蕃課長」として台南に赴任した。戦況が厳しくなり、台南にも米軍の空襲が頻繁になるまで、洋子にとって台湾はまさにユートピアだった。

空襲が激しくなると、洋子一家は山の中に疎開した。

そのとき母は、通帳と高価な茶道具を信頼している大学教授に預けた。普段使いの茶器は、手伝いをしていた元さん（徐翠娥）に預けた。終戦後、引き上げるとき、その大学教授はしらばっくれてお金も茶道具も返してはくれなかった。

元さんの父親である徐進財が憤慨し、教授に何度も掛け合ってくれたおかげで、やっと半分ほどのお金が戻ってきた。

何度も台北に足を運び、洋子一家のために尽くしてくれた徐は、お礼どころか汽車賃すら受け取らなかった。

元さんが大事に保管していた茶道具のおかげで、日本に引き揚げたのち、洋子の母は茶道教室を開き、家計の助けにできた。

それればかりか、元さんのご主人はＮＨＫの「尋ね人」に日本名で問い合わせ（台湾人の名前では受け付けてもらえなかったため）、はるばる台湾から訪れてきたのだった。

「妻から言付かってきました」という飴は、船が大波をかぶってしまったために溶けてひと固まりになっていた。まだ台湾と日本の渡航が禁止されていた時代である。それでも夫に密航させてまで、元さんは洋子一家を気にかけ、心配し続けていたのだ。

夫も元さんの気持ちに応え、半年以上もＮＨＫに問い合わせし続けていたという。

元さん夫婦はその後日本に移住、洋子一家との交流は洋子の母が亡くなるまで続いた。

洋子の母が亡くなったのち、元さんはやっと台湾へ帰ることにした。乳がんも乗り越えて懸命に働いた元さんは、そのとき80歳を過ぎていた。

ちなみに現在は日本でも有名になった技師、八田與一の台南の銅像は、洋子の親友の祖父、都賀田勇馬の作である。

日本と日本人に対し、誠実だった台湾人の話は枚挙にいとまがない。今でも地方のホテルに泊まると、日本語世代のオーナーが、「日本人が来た」と、喜んで挨拶をしてくれる。

自分勝手な日本人がいたことも確かだが、防空壕で子供たちをかばってくれた献身的な教師も多かった。恩師を慕ってお墓参りに来日する台湾人も多かった。50年の統治時代に、台湾人と日本人は、様々な体験と気持ちを共有していたのである。

台湾のゲーム開発会社迷走工作坊は、今年2月、「台北大空襲」というゲームを発表した。昭和19年から連合国軍が行った台湾への空襲は、ほぼ全土にわたり、甚大な被害を出した。

その中でも台北大空襲（昭和20年5月31日）は、大規模な無差別攻撃だった。しかしその記憶はいま、ほとんどの台湾人から失われている。

　昭和20年3月9日から19日のわずか10日という間に、米軍が日本の領域内に投下した爆弾は10トン。さらに7月には3倍もの爆弾が投下された。台北大空襲は、まさにその時期に当たる。

　台湾に行われた爆撃は1万5908回。焼夷弾3万5463個、投下された爆弾の合計は12万2219個。総重量2万2422トンに及ぶ。

　台湾全土の人的被害は、死者6100名、行方不明435名、重傷者3902名、軽症者5万3357名（総督府の公開資料）。

　だが戦後の調査結果から、この数字はかなり低く報告されているのでは、と見られている。物的損害は建物の全壊2万9191棟、半壊1万7127棟の計4万6318棟（総督府統計による）。

　202か所の工場が破壊され、電力、給水、電気通信、交通など、すべてのインフラが甚大な被害を受けた。「甚大な被害」と一言でいうのは簡単だが、空襲を受けた人たちにとっては阿鼻叫喚のまさしく地獄だったはずだ。

　戦時中から米政府と密接な協力関係にあった国民党政府は、積極的に空襲の記憶を国民から消し去ろうとしていた。学校の歴史教育では空襲についての言及はなくなったのである。

　そのため現在の台湾人には、空襲を行ったのがアメリカであるということを知らない人も多い。

このゲームは清子という日本名の主人公が、台北大空襲を追体験するアドベンチャーゲームである。このゲームには、プレイすることによって当時の体験をわが身に置き換え、忘れることのない記憶として伝えてほしいという願いが込められている。

ここ何年かの台湾のエンタメ界の特徴は、台湾近代史を掘り起こしてドラマや映画にしているという点だ。

台湾人と話していて時々驚くのは、台湾の歴史について日本人の私のほうが詳しい場合があるということだった。だがそれも、国民党政府の「抗日史観」による教育の結果とみれば、納得もいく。

「台湾のことを知りたい」「自国の歴史を知りたい」という多くの声が、制作陣を後押ししているのだろう。

日中戦争末期から台湾にやってきた国府軍パイロットたちを描いた「一把青」や、戦後の茶商を描いた「茶金」など、見ごたえのある作品が多い。

「茶金」では台北空襲で妻と幼い娘を失った人物が出てくる。また戦後の国民党政府とアメリカの関係の深さも描かれている。

「華燈初上」は、台北の夜の街の女たちを描いた、これも良作である。高度成長期の日本と、それを支える台湾という構図。そして台湾駐在の男性たちが遊ぶ、夜の街。クラブで働く女性たちの姿がリアルだ。この時の「日本」は、確かに台湾には手が届かない憧れの国だったことだろう。

エンタメ界だけではない。5、6年前だろうかフェイスブックに、いきなり基隆市内の駅構内で銃撃戦が行われている映像が出てきた。驚いてよく見ると、それは七堵駅事件を再現した劇団員たちのパフォーマンスだった。

しかし駅構内の一般人たちは、そんな寸劇が行われるなど知らされていなかったのだろう。恐怖で顔が引きつり、物陰に急いで隠れる人もいれば、泣き叫ぶ子供もいる。あまりにもリアルな様子に、私は思わず息をのんだ。

七堵駅事件とは二二八事件直後に起きた国民党軍兵士による虐殺事件だ。電車に乗り込んできた兵士たちの乱暴狼藉にたまりかねた駅員たちが激しく衝突した。

これは兵士たちの誤解によるもので、駅員には罪はない。ところが一方的に逆恨みした彼らは、後日駅に押しかけ、駅構内で銃を乱射。駅員ら5名が亡くなり、12人が連行された。この12人は山中で遺体となって発見されている。

現在この駅には、犠牲になった17名を悼む碑が建てられている。九份に行く途中の駅、というのは、私も九份への行き方を調べていた時に出てきた駅名なので、覚えていたのだ。時間に余裕がある人は、ぜひ訪れてほしい。

フェイスブックの短い記事では、このパフォーマンスがどこの誰の主催だったかまではわからなかった。しかし事件を忘れない、歴史を忘れないという、台湾人の強い意志が伝わってきた出来事だった。

日本からだけではなく、台湾からも歴史の掘り起こしが進められている。日台のきずなが深まるのは嬉しいことだが、果たしてそれだけで済むのだろうか。

中国工程師学会の理事長を務めた黃瑞耀は言う。

「永全さんと玉子さんが留学したころは、帰化して永住する台湾人が多かった。私のころは台湾の事情も違いましたし、私は国に帰ることにしました」

そして最近の台湾人留学生については、「技術を学ぶというよりも、遊学のほうが強くなってきていますね」とも語る。

留学の意味合いが違ってきているのだ。

台湾からの留学生は、日本の技術を学ぶというよりも、アニメや漫画の世界を楽しみたいと来日する若者が増えている。日本での生活を体験したいのが、一番の目的なのだ。

かつて日本が持っていた圧倒的な経済力、技術力からくるアドヴァンテージはすでに失われている。

台湾は親日と思い込んでいる日本人は多いが、現在その地位は韓国に奪われつつある。

コロナ前に台北のＤＶＤショップに行った私は、店のほとんどが大陸か韓流ドラマで占められていることに愕然とした。日本のＤＶＤは隅っこに少しある程度だった。

エンタメの世界でも、日本の音楽やドラマを押しのけてKポップや韓流ドラマの人気が高くなっている。

台湾ドラマに出てくるインフルエンサーは韓国語を話すのが定番だし、コロナ明けに台湾に行った友人は、「韓国人か」と尋ねられたそうだ。日本はすでに台湾人にとって、ナンバーワンの国ではなくなりつつあるのだ。

熊本に2つの工場を開く台湾の半導体企業TSMCが、通常の賃金よりも高いということが話題になっている。

現在、圧倒的な人材不足となり、2500名を超える日本人学生が争奪戦の対象になっているという。だがそれは、日本育ちの学生ではない。

安蒜順子（台湾人材ネット株式会社の代表取締役社長、台湾留学サポートセンター長）は日本中の高校、教育委員会、市長たちの間を駆けずり回りながら、日本から台湾への留学生の世話をしている。

この仕事を始めてから14年目で、彼女が作り上げた日本の高校、大学そして台湾の大学のネットワークの素晴らしさは目をみはるものがある。10年前には「台湾の大学？」といぶかしげに見られた。けれども現在では留学希望者がどんどん増えているという。それだけ状況が変わって来ているのだ。

安蒜の講演の後、女子高校生4人が彼女を訪ねてきた。

「高卒で就職しようと思っていたけれど、台湾に進学することを考え始めたんです」という。日本ではデジタル人材の育成が追い付いていない。けれども台湾には人材がいる。加えて中国語、英語も話せるようになるし、ビジネススキルも身につく。即戦力として優秀な人材が育つのだ。

高度成長時代の成功体験にしがみつき、現場で物事を判断することが出来ない日本の会社は、ガラパゴス化してしまっている。海外から取り残されてしまっているのだ。

そんな日本の現状に見切りをつけて、いま、学生時代から海外で学ぼうという若者が増えている。

彼女のあっせんで台湾の実践大学に進学した熊本出身の女性は、ホンハイ精密工業の社長秘書兼シャープの主任に抜擢された。その後カバランに転職し、日本向けの広報を担当している。そしてアメリカの上場の半導体企業ののエンジニアと結婚している。

宮城第一高校を卒業後に台中の亜州大学に留学した女性は、台湾のホテル経営者と結婚。この女性の姉妹、兄弟も台湾に進学している。

「台湾に留学した学生たちは、ビジネスレベルの英語と中国語、デジタルも使いこなせるようになるので、一般の日本の大卒者とは、就職後の成長が大きく違ってきます」と、安蒜は言う。

卒業生の初任給は最低でも５００万円、場合によっては７００万という学生もいる。

地方創生が言われて久しいが、人材が流出するのは、就職して安定した生活ができる地元企業がないからである。思い切って海外に向かう、そのチャレンジ精神は素晴らしい。
また、停滞した日本社会の中でＴＳＭＣが熊本に誘致された成果は大きいし、社会全体が活性化するきっかけになるに違いない。

台湾ドラマ「華燈初上」では台湾のクラブで遊ぶ日本人ビジネスマンたちが描かれていたけれど、これからは熊本のクラブで遊ぶ台湾人の技術者やビジネスマンが増えていくのかもしれない。

すでに一方的に日本から学ぶという立場から台湾は脱却し、お互いに新しい関係を築いていく段階に入っている。

土光洋子は生まれ故郷、台南の美術館に自作の日本画を寄贈している。いま、台湾協会の発案で、台湾の画家とのコラボ展覧会が企画されているという。これも新時代の到来を感じさせる出来事だ。

台南日本人協会の栄誉理事長、野崎孝男は元練馬区議。台湾に住み着いて、ラーメンチェーンを展開、成功している。彼も日台の懸け橋として活躍しているひとりだ。

台南地震（平成28年）や花蓮地震（平成30年）の際には、無償で炊き出しを行い、ラーメンを配っている。野崎はこれらの活動やスポーツ交流などの貢献が認められ、台南市外交顧問に就任している。

また山口県、山形市、弘前市、青森県と台南市を結びつけるほか、山形県の児童養護施設や山形市内の子ども食堂にパイナップルを寄贈。

日本での熱狂的なパイナップルブームは1年で去ったが、野崎は毎年、山形にパイナップルを送り続けている。台湾のフルーツのおいしさに、台湾ファンの子が1人でも増えてくれたら……。野崎の活動は、地道だけれども確実だ。

山形市では各交流事業を有益なものにするため、「山形市・台南市交流推進アドバイザー」を野崎氏に委嘱、山形市内の企業にアドバイスしてもらうなどの活動を行っている。

台北における安倍元首相の追悼式では、司会という大役も任せられた。

このように民間で地道に台湾と日本を結びつける活動をしている人たちがいるのだ。台湾にはそれだけの魅力がある。

安蒜や野崎には台湾への深いリスペクトがあり、愛情がある。それこそが、これからの日台関係のカギになるのではないか。

過去、現在、そして未来へ。

台湾と日本とのかかわりは、形を変えつつ続いていくに違いない。世界でもまれなパートナーシップの国として。

## あとがき

日本の福祉は、「お上からのお情け」である。基本的には自助努力。そこに「人権」という意識はない。

東京都が18歳未満の子供たちに毎月5000円の手当を出すことを決めた。しかしこれも申請しなければもらえない。まあ、「もらう」「もらえない」という言葉を使うこと自体がおかしいのだが。

聡明な玉子が気づかなかったはずはない。だからこそ彼女は様々な手を使って、障碍者や高齢者の権利を勝ち取ろうと努力した。特に東京老人ホームのエピソードは痛快である。「お情け」を逆手に取った「超福祉」という言葉を生み出したのは布施田たちだ。これからの時代に敢然と立ち向かう、その姿勢はまさに「かっこいい」。

玉子のプロフィールをざっくりと話したときの布施田の言葉が忘れられない。

「今の時代でも大変なのに、その時代ではさぞご苦労があったことでしょうね」

この言葉を聞いた時、私には何もわかっていなかったのだと思い知らされた。日々生活の中で暮らしにくさ、差別を身をもって知っている人たちとの差である。だからこそ、障碍者自身の運動が必要なのだ。

介護の面でいえば、台湾では移民の女性たちがそれを担っている。日本では中高年の女性たちがパートのヘルパーとして安価な労働力を提供してきていた。それが限界に来ている状況だ。立派な施設が出来ても、マンパワーが不足している。それを今後、どうしていくのか。答えはまだ出ていない。

マイナンバーカードのトラブルも解消できていない。かつての技術大国が、これくらいのこともクリアーできないとは、情けないの一言だ。東京五輪、大阪万博も同じである。かつては日本の誇りの象徴だったが、２０２１年の東京五輪は、コロナ禍とはいえ開会式も閉会式も見るに堪えないレベルだった。大阪万博は開催すら危ぶまれている。

日本はこれからどうなっていくのか。その答えの一つが、安蒜の活動だ。日本になじみのある台湾への留学。そこに活路を見出す若者たちの姿は、かつて日本に留学した玉子や永全たちの姿に重なる。

日本と台湾は、これから新しい関係を気づいていくのだろう。それに期待したい。

私が子供時代、よく父が連れて行ってくれた新宿の中華料理の名店、東京飯店は台湾人の経営だった。ごく最近それを知って、驚いたものである。

父は現場の所長だった時、よく宴会でこの店を使っていた。母の兄弟たちが上京した時には、必ずここで食事をした。

白い清潔なテーブルクロスがかかった丸い大きなテーブル。次々と運ばれてくる豪華な料理。最後は必ず鯉の丸揚げだった。料理のおいしさとともに、家族や親せきと一緒の楽しい時間は今でも覚えている。

林銀さんは、ここで結婚式を挙げている。

「初代のオーナーは頑張りました。厨房のシェフも頑張った。だから東京飯店は繁盛したのです」

在日の台湾華僑の中では、東京飯店で結婚式を挙げることがステイタスだった。子供のころの幸福な思いでが、台湾と関係があった。そのことは、私にとって何よりもうれしいことである。

取材においては、多くの方たちの協力をいただいた。林玉子、永全両氏のご遺族である、悦子さん、文子さん、正田恵さん。郭茂林さんのご子息である郭純さんからは貴重な情報をいただいた。そのほか、酒井充子さん、一青妙さん、河田泰宗さん、曾思瑜先生、高橋雅志さん、林銀さん。布施田祥子さん、横山由紀子さん、野崎孝男さん、安蒜順子さん。

中日工程師学会については林国安さん、黄瑞耀さんのお力添えをいただいた。惜しむらくは中日工程師学会に実際に参加したエンジニアや大学関係者からのお話を伺えなかったことである。再三のコンタクトにも連絡が取れない方ばかりで、時代の流れを感じた。

湾生の土光洋子さん、竹中信子さんにもお世話になった。竹中さんはこの本の完成を見ずしてお亡くなりになった。残念でならない。

戦後の日台の往来や為替のやり取り、華僑の帰化についてなどの裏取りは、駐日台北経済文化代表処にも資料がなく、断念せざるを得なかった。もし情報がある方がいらしたら、ぜひお知らせいただきたい。

今回は大変多くの資料に助けられたが、郭茂林氏のバイオグラフィーについては、特に「巨塔之男・郭茂林」（呉譲治建設文教基金會）が大変参考になった。これを手に取ると、台湾建築界がどれほど郭氏を誇りに思っているか、よくわかる。

また「35年前にCMを実現した人」（神子久忠氏）の記事は、生前の郭氏のインタビューとして、大変貴重なものだった。このほかにもいくつかのインタビューを参考にさせていただいている。

今回の取材で改めて感じたのは、台湾人の誠実さ、義理堅さである。一面識もない私が取材を申し込んでも、快く引き受けてくれた。玉子、永全や郭の人徳だろう。大変ありがたいことだった。

最後に、この本を書くきっかけを作ってくださった五島章太郎氏に心からの感謝をささげたい。

手に取って最後まで読んでくださった皆様にも、心からの御礼を申し上げたい。台湾と日本の、今後とも永遠なる友誼を願って。

２０２３年９月

真島久美子

# 参考資料

『台湾引き揚げの記』（手記）　竹中信子
『台湾、80歳から学んだ故郷』　New York Art　土光洋子
『特攻隊員さんたちとの思い出・台湾宜藍飛行場にて』（手記）　正田恵　2007年9月
『続・誰も書かなかった台湾』　鈴木明　サンケイ出版
『超高層のあけぼの』　武藤清・岩佐氏寿　鹿島研究所出版会　昭和43年
『人のための都市観光を想像する1』　岩佐弘道　DORA　一般社団法人でサインオンレスポンス
『日本の建設20世紀行・35年前にCMを実現した人・KMG建築設計事務所・郭茂林氏』　神子久忠　日刊建設工業新聞
『霞が関ビルと新光三越ビルを建てた台湾人・郭茂林の秘められた物語』　酒井充子　2018・12・23
『吉武泰水先生を偲ぶ』（手記）　郭茂林
『日台経済交流の礎を築いた人々』　根橋玲子・岸保行　赤門マネジメントレビュー14巻9号（2015年9月）
『ダイニングキッチンの誕生・女性建築家第一号浜口ミホの描いたもの』　北川圭子　ミツカ

ン水の文化センター機関誌31号
『巨塔の男・郭茂林』　呉讓治建築文教基金會
『李登輝秘録』　河崎真澄　産経新聞社
『すかいらーく発祥「ひばりが丘団地」64年経った今』　鳴海侑　東洋経済オンライン　2023年3月30日
『ひばりが丘団地50年の歴史に新展開！　マルシェなど住民主体の新しいエリアマネジメント』　Suumoジャーナル　2022年1月23日
『渋谷事件について（前後編）』　東京が好きだ！　2008年9月4日
『渋谷事件～焼け跡に立ち上がった勇気』　小田幸平　文芸社
『長生きは家づくりから・プラス思考でいきいきライフ』　林玉子　1992年12月
『プラス思考の生き生き向老学』　林玉子・海竜社　1996年9月
『40歳からの快適居住学・長生き人生の家、5つのおさえツボ』　林玉子　講談社　1999年5月

**動画**

「団地への招待」（1960年）日経映像チャンネル
「汐見台団地」記録映画　神奈川県住宅供給公社

「待っていた家」昭和43年ふじの国メディアチャンネル・静岡県公式チャンネル
「リアル三丁目の夕日！・スゴすぎる昭和の庶民の暮らし」Isigami
「窓ひらく・一つの生活改善記録」東京シネマ1958年　NPO法人科学映像館

**真島久美子（ましま　くみこ）**

昭和３１年東京生まれ。

漫画家として活動のち、自らの婚活体験を描いた『お見合いの達人』（講談社）が12万部のヒット、TBSにてドラマ化される。

ほか子育て、介護に関する著書多数。

# 志は日台の空高く
## 日本建築を飛躍させた台湾人たち

令和五年十二月十一日　第一刷発行

著　者　真島久美子
発行人　荒岩　宏奨
発　行　展　転　社

〒101-0051 東京都千代田区神田神保町2-46-402
ＴＥＬ　〇三（五三一四）九四七〇
ＦＡＸ　〇三（五三一四）九四八〇
振替〇〇一四〇―六―七九九九二

印刷　中央精版印刷



ISBN978-4-88656-570-9